Fritz Schumann

Fukushima? War da mal was?

Unter Mitarbeit von
Saori Komuro und Nikki Kininmoth

SPOTLESS

spotless erscheint im Verlag Das Neue Berlin
Redaktion: Frank Schumann

Bezug im Abonnement: 12 Ausgaben im Jahr
Jahresabonnement Inland 59,50 Euro
Europa 74,50 Euro, Welt 84,50 Euro
Einzelausgabe: 5,95 Euro

ISBN 978-3-360-02077-2

Umschlaggestaltung/Satz: edition ost
Cover: Straßensperre an der 20-km-Sperrzone Fukushima
Fotos: Schumann, Masayuki Tohjo S. 85, 86, 87, 89, 90, 91, 92, 93
Druck und Bindung: Norhaven, Viborg

Ein Verlagsverzeichnis schicken wir Ihnen gern:
Das Neue Berlin Verlagsgesellschaft mbH
Neue Grünstr. 18, 10179 Berlin
Fax 01805/35 35 42
Tel. 01805/30 99 99 (0,14 Euro/Min., Mobil max. 0,42 Euro/Min.)

Die Bücher von spotless und des Verlags Das Neue Berlin
erscheinen in der Eulenspiegel Verlagsgruppe.

www.edition-ost.de

Inhalt

*Eineinhalb Jahre nach Tsunami und Super-GAU
sind die Strände in Fukushima aufgeräumt.
Ein paar Wellenreiter trauen sich sogar ins Wasser.
Doch es bleibt ein beklemmendes Gefühl:
Wo einst Häuser standen, ist die Gegend heute noch
immer menschenleer.*

Peter Kujath, ARD-Hörfunkstudio Tokyo,
11. September 2012

Hiroshima 2010

Wenn dieser spotless-Bandes erscheint, bin ich in Japan, inzwischen zum dritten Mal. Ich war 2009/10 erstmals dort und erkundete journalistisch ein Jahr lang das Land der aufgehenden Sonne. In spotless Nr. 231 (»No more Hiroshima«) berichtete ich über meine Beobachtungen in der Hafenstadt. Dort begann vor 65 Jahre das sogenannte Atomzeitalter. Beim erstmaligen Einsatz einer Atombombe starben sofort an die Hunderttausend Menschen, an den Folgeschäden gingen noch einmal so viele Japaner zugrunde. In Nagasaki detonierte drei Tage später – am 9. August 1945 – die zweite Bombe aus den USA.

Ich erwartete dort eine erhöhte Sensibilität in Bezug auf die Nukleartechnik, spürte allerdings bereits in Tokyo, wo ich mein Quartier hatte, dass dies möglicherweise eine Illusion ist. Die hauptstädtischen Freunde reagierten auf meine Ankündigung, mich nach Hiroshima auf den Weg zu machen, sichtlich verwundert. Was ich da wolle, fragten sie, das sei eine langweilige Industriestadt, bekannt allenfalls wegen der Mazdas, die dort für die ganze Welt produziert würden. Zu sehen gebe es da nicht allzu viel.

Mein Hinweis auf 1945 und den Widerstand einiger Umweltaktivisten, die seit geraumer Zeit die Errichtung eines Atomkraftwerkes in der Bucht vor der Millionenstadt verhinderten, wurde abgetan. Was Wunder: Widerspruch zur Regierungspolitik galt in Japan als suspekt. Zudem existierte keine organisierte Umweltschutzbewegung wie in vielen anderen Staaten der Welt. Allenfalls einige wenige Grüppchen von Aktivisten protestierten gegen den ungebremsten Ausbau der Atomernergie. Von den über vierhundert Kernkraftwerken weltweit arbeitete etwa jedes achte in Japan, und weitere waren in Bau und Planung. Nur in den USA hingen mehr Atomkraftwerke am Netz.

Der hochentwickelte Industriestaat Japan – nächst den USA produzierte hier die stärkste Volkswirtschaft – hatte (und hat) einen großen Energiebedarf, der zu je einem Drittel mit Kohle, Erdgas und Atomkraft gedeckt wurde. Wuchs der Stromverbrauch, wurden alle drei Felder paritätisch ausgebaut. Darum kannte die Atomenergie nur eine Entwicklungsrichtung – trotz Tschernobyl 1986 und anderer Katastrophen und Havarien, die die Atomkraftgegner insbesondere in Europa auf die Straßen trieben.

Nicht so in Japan, wo es keinen gesellschaftlichen Widerstand gab. Man lebte noch immer in der Vorstellung, alles sei technisch beherrschbar. Im Unterschied zu russischen Kernreaktoren seien die eigenen absolut sicher. Darum also nur müdes Lächeln bei meinen Tokyoter WG-Genossen und Freunden, als ich mich auf den Weg machte.

Was ich dann in Hiroshima sah und hörte, wie dort etwa gegen die AKW-Kritiker und Widerständler vorgegangen wurde, kann man in jenem spotless-Buch nachlesen, das ich nach dem Besuch veröffentlichte.

Am stärksten beeindruckte mich damals die Begegnung mit der 85-jährigen Kiyoko Sakai, die allein deshalb den Atombombenabwurf überlebt hatte, weil die Fähre nicht kam, welche sie von der Insel Iwaishima nach Hiroshima, wo sie als Schneiderin arbeitete, übersetzen sollte. Am Nachmittag des 8. August, zwei Tage nach der Detonation, stand sie dennoch dort, wo einst ihre Arbeitsstelle war: ein flaches Trümmerfeld wie die ganze Stadt. Seit 1980 lebt die krebskranke Frau wieder auf ihrer Heimatinsel und bezieht eine kleine Rente nebst einer bescheidenen Unterstützung als Strahlenopfer. Sie stellte sich, als die Absicht bekannt wurde, dass vor ihrer Insel ein AKW errichtet werden sollte, an die Spitze des Protestes, der sich zaghaft zu formieren begann. Selbst mit 80 Jahren demonstrierte sie täglich auf der Baustelle.

Hiroshima-Überlebende und AKW-Gegnerin Kiyoko Sakai auf Iwaishima, 2010

Junge Familie auf Iwaishima: Es besteht Hoffnung, dass kein AKW vor Hiroshima errichtet wird

Dafür überzog der Energieriese, der dort aktiv war, sie und weitere sieben Inselbewohner mit Gerichtsverfahren. Für ausgefallene Bautage forderten die Anwälte des Konzerns mehrere Milliarden Yen. Die Juristen hatten genau gezählt, an wie vielen Tagen Kiyoko Sakai vor der Baustelle gestanden und angeblich die Arbeiten behindert hatte. Dafür sollte sie neun Millionen Yen Strafe zahlen, was umgerechnet 80.000 Euro sind. Das Gericht fand die Forderung ein wenig zu hoch und forderte von der hochbetagten Rentnerin »nur« fünf Millionen Yen.

»Wenn eure Kraftwerk so sicher sind, wie ihr behauptet, dann baut sie doch neben den Palast des Tenno«, forderten die Anti-AKW-Aktivisten auf Iwaishima und ernteten dafür Hohn und eben Geldforderungen.

Als ich 2010 auf der Insel Iwaishima war und mit den Umweltaktivisten sprach, ruhte der Bau. Sie hofften damals: für immer. Aber es war nur eine juristisch angeordnete Pause, keine politische oder gar grundsätzliche. Der Stopp war also temporärer Natur. Wenn alle juristischen und sonstigen Stolpersteine vom Energiekonzern ausgeräumt sein würden, sollte mit Macht das Bauwerk zu Ende geführt werden.

Auf die Insel ist neues Leben zurückgekehrt

Aufforderung zur Selbsthilfe: »Was tust du im Falle eines Atomunfalls? Belehre deine Kinder, baue nicht auf die Regierung.« Plakat in Tokyo nach Fukushima

Allerdings sollte der Konzern die Rechnung ohne die Natur gemacht haben. Ihr kann man weder mit Gerichten noch mit der Polizei beikommen.

Fukushima 2011

Im darauffolgenden Sommer bin ich erneut in Japan. Vor mir liegt ein Studium in Hannover und hinter der Menschheit eine Zäsur. Am 11. März 2011 hatte in Japan die Erde gebebt. Das ist nichts Ungewöhnliches. In der Umgebung der japanischen Inseln schieben sich die Eurasische und die Pazifische Platte übereinander. Die Spannungen entladen sich regelmäßig, im Durchschnitt werden in jedem Monat mehr als siebzig Beben in Japan registriert. Die Gewöhnung führt zu einer gewissen Gelassenheit, die auch mich bald ergriff, als ich in Tokyo gelegentlich den Boden unter meinen Füßen schwanken spürte. Wenn ich mit der Heimat kommunizierte, gab man sich dort aufgeregt. Die Verwandten und Freunde in Europa hatten im Fernsehen die bewegten Bilder von sich bewegenden Häuser gesehen, von Geschirr, das aus Schränken oder Verkaufsregalen zu Boden stürzte und zerschellte. Ich konnte stets beruhigen: Ihr wisst doch, im Fernsehen sieht alles immer ein wenig dramatischer aus. Es ist wirklich alles okay.

Im März 2011 jedoch war alles anders gewesen.

Etwa 370 Kilometer nordöstlich von Tokyo und etwa 130 Kilometer vor Sendai hatte es ein Seebeben gegeben. Im Jahr zuvor war ich auch kurz in der Millionenstadt Sendai gewesen, in der die Verwaltung der Präfektur Miyagi ihren Sitz hat. Auf dem Weg nach Norden war ich auch durch Fukushima gekommen. Sendai, die größte Stadt in der Regio Tohoku, war nicht sonderlich aufregend, weshalb ich alsbald weiterreiste.

Kurz vor 15 Uhr bebte in 32.000 Metern Tiefe der Meeresgrund. Die Folge war ein Tsunami – die wörtliche Übersetzung dieses japanischen Begriffes lautet *Hafenwelle*, was eine ziemliche Verniedlichung darstellt; die lange Zeit in Deutschland gebräuchliche Bezeichnung »Erdbebenwoge« kommt der Sache schon ein wenig näher. Durch das plötzliche Heben oder Senken von Teilen des Meeresbodens türmt sich eine Riesenwelle auf, die dann übers Meer rast. Jene am 11. März 2011 erreichte mancherorts 38 Meter Höhe. So hoch ist das vormalige Haus der Elektroindustrie unweit des Berliner Alexanderplatzes mit seinen zehn Stockwerken.

Das Beben wurde auch im Geoforschungszentrum (GFZ) auf dem Potsdamer Telegrafenberg gemessen, einst Zentralinstitut für Physik der Erde, das zur Akademie der Wissenschaften der DDR gehörte. Die Experten dort kamen zu dem Schluss, dass die Erdkruste innerhalb von dreieinhalb Minuten auf einer Länge von 400 Kilometer bis in 60 Kilometer Tiefe aufgerissen wurde. Es kam zu Plattenbewegungen von bis zu 27 Metern horizontal und sieben Metern vertikal. Dadurch wurden die nächsten Uferregionen mancherorts mehr als einen Meter abgesenkt und die gesamte japanische Hauptinsel Honshu mit der Hauptstadt Tokyo um sagenhafte 2,4 Meter nach Osten verschoben, was eine Änderung der Massenverteilung auf der Erde bedeutete, wodurch wiederum das Trägheitsmoment des Planeten beeinflusst wurde: Seit dem 11. März 2011 dreht sich die Erde tatsächlich um Bruchteile von Sekunden schneller.

Aber nicht die – gewiss wichtigen und keineswegs uninteressanten – geophysikalischen Konsequenzen des To-

Strandgut am Wegesrand nach dem Tsunami

hoku-Bebens erschütterten die Welt, sondern deren unmittelbare Folgen für die Japaner.

Diese wurden nämlich von drei beispiellosen Katastrophen heimgesucht. Das Erdbeben – bei dem die Energie von etwa 780.000 Hiroshima-Bomben freigesetzt worden war – zerstörte unzählige Bauwerke an Land, Straßen, Brücken, Komunikationswege, Produktionsanlagen; es machte Menschen obdachlos und schädigte eine ohnehin angeschlagene Wirtschaft, die im weltweiten Vergleich bereits auf Rang 3 gerutscht war. Die Schäden schätzte man wenig später auf 25 Billionen Yen, was rund 220 Milliarden Euro sind. Die auf Schlagzeilen trainierten Blätter sprachen alsbald von der »teuersten Naturkatastrophe aller Zeiten« – als wenn in der Zukunft Steigerungen ausgeschlossen wären.

Sodann – und das war die zweite Katastrophe – überflutete der Tsunami auf mehreren Hundert Kilometern die Uferregionen. Bis zu zehn Kilometer tief, und das auf einigen Hundert Kilometern Breite, trieben die Wassermassen alles vor sich her, was im Wege stand: Häuser, Schiffe, Autos, Menschen …

Überflutet wurden auch die beiden Kernkraftwerke Fukushima I und II. AKW stehen wegen des enormen Kühlwasserbedarfs immer am Wasser. Die Welle in Fukushima soll noch um die fünfzehn Meter hoch gewesen sein. Die sechs Reaktoren von Fukushima I standen bei der Flut bis zu fünf Meter unter Wasser.

Hajime Matsumoto betreibt im Westen Tokyos, in Koenji, einem Viertel, in dem viele »Alternative« leben, einen »Recycle-Shop«. Das ist die Antwort auf die Wegwerf-Gesellschaft. In seinem Laden kamen die ersten Demonstranten zusammen

Der Mittdreißiger Matsumoto initiierte in Tokyo nach dem Reaktorunglück die Protestbewegung

Obgleich das in den 80er Jahren errichtete Kernkraftwerk Fukushima II ebenfalls überflutet worden war, verursachte die Welle dort aber keine gravierenden Schäden an den Reaktoren. Hingegen sah es in dem zwölf Kilometer südlich gelegenen Fukushima II ganz anders aus. Dort trat ein, wovor Umweltschützer und Sicherheitsexperten immer gewarnt hatten.

Das Kraftwerk war mit 4,5 Gigawatt nicht nur eines der leistungsstärksten AKW in Japan, sondern auch eines der ältesten. Es ging bereits 1971 ans Netz.

2005 und 2007 gab es bei drei japanischen Kernkraftwerken Störfälle bei Erdbeben. Selbst japanische Seismologen kamen nunmehr zu dem Schluss, dass die »fundamentale Verletztbarkeit« japanischer AKW durch

Erdbeben schwer unterschätzt worden sei. Sie mahnten dringend die grundlegende Verbesserung der Sicherheitsstandards an.

Die »Verbesserung« sah bei Fukushima I so aus, dass der Betreiber TEPCO – was für Tokyo Electric Power Company steht: das ist der größte Energieproduzent des Kaiserreichs, er versorgt mehr als ein Drittel der Japaner mit Strom, darunter den Großraum Tokyo – lediglich eine 5,70 Meter hohe Schutzmauer gegen Tsunami errichtete. Etlich Notstromaggregate verblieben jedoch auf Meereshöhe und damit ungeschützt. Der Ausgangsfehler war jedoch irreparabel. Ursprünglich sollte das AKW auf einer etwa 35 Meter hohen Klippe errichtet werden. Diese wurde jedoch bis auf zehn Meter abgetragen, weil man aus Kostengründen – so räumte nach der Katastrophe ein TEPCO-Ingenieur ein – nur kleinere, also billigere Meerwasserpumpen anschaffen wollte.

Ungeachtet aller Maßnahmen, die der Profitmaximierung durch Kostenminimierung dienten, blieb natürlich das Grundrisiko bestehen. Japan liegt in einer der tektonisch aktivsten Regionen der Welt. Dort mit einer Technologie zu operieren, die in letzter Konsequenz eben nicht beherrschbar ist, heißt mit dem Feuer spielen. Vor den japanischen Inseln – was für eine Metapher – verläuft nunmal der Pazifische Feuerring, ein Gürtel reger Vulkantätigkeit. Mindestens zwei Drittel aller Vulkanausbrüche der jüngeren Erdgeschichte weltweit erfolgten hier, und diese verursachten die Beben und Tsunami.

Das gefährdet natürlich jede Art von Leben und Produktion, die Risiken sind latent. Dennoch sollten sie so gestaltet werden, dass sie im Notfall auch beherrscht werden können. Bei der Energiegewinnung durch Kernspaltung ist das objektiv nicht gegeben, so sehr man auch am Detail herumdoktert.

Bereits zu Beginn der 70er Jahre hatten US-Sicherheitsexperten beispielsweise gefordert, die von General Electric – übrigens auch in Fukushima – eingebauten Sicherheitsbehälter zu verbieten. Das Verbot wäre das Ende der Atomindustrie in den USA gewesen, weshalb es unterblieb. 1985 bestätigte die für Kernkraftsicherheit in den USA zuständige Behörde erneut, dass die Intervention berechtigt sei: Diese Sicherheitsbehälter würden in den ersten Stunden nach einer Kernschmelze zu 90 Prozent versagen. Doch statt sich zu besinnen, entwickelte man ein Ventilsystem und baute es in diese Behälter ein, mit dem im Ernstfall radioaktiver Wasserdampf ungefiltert in die Atmosphäre geblasen werden kann. Fukushima wurde damit nachgerüstet, und wie wir inzwischen wissen, erfüllten diese Ventile in den Reaktorblöcken 1 bis 3 auch ihre Aufgabe: Sie entließen radioaktiven Wasserdampf ungefiltert ins Freie.

Es ist hier nicht nur müßig, sondern auch deplaziert, alle technischen Fehler, Pannen und Abläufe detailliert zu repetieren, die in Fukushima I festgestellt wurden.

Im Wesentlichen bestätigten sich alle Befürchtungen, die Kernkraftgegner seit Existenz dieser Technologie artikulierten. (Das Argument auf unserer, also östlicher Seite, dass sowjetische Kernkraftwerke sicher seien, weil sie nicht den Profitgesetzen des Kapitals unterworfen sind, hatte sich spätestens 1986 beim Super-GAU in Tschernobyl als Schimäre erwiesen.) Aufgrund der Überflutung des Kernkraftwerkes Fukushima I fiel dort die

Energieversorgung aus. Das hatte zur Folge, dass die Reaktorkerne und die zwischengelagerten Brennstäbe nur ungenügend gekühlt wurden. Das wiederum führte zur Kernschmelze. Vier der sechs Reaktorblöcke wurden zerstört, wodurch erhebliche Mengen an radioaktivem Material freigesetzt wurden.

Nebenbei: Wie schon in Tschernobyl versuchten die Verantwortlichen, das Ausmaß des Schadens zunächst zu vertuschen, dann zu bagatellisieren. Die japanische Atomaufsichtsbehörde ordnete darum die Vorgänge, die in Echtzeit überall auf der Welt im Fernsehen verfolgt werden konnten, auf der von 0 bis 7 reichenden internationalen Bewertungsskala für nukleare Ereignisse zunächst bei Stufe 4 (»Unfall«) ein. Später räumte sie Stufe 5 (»ernster Unfall«) ein. Und nachdem man eine Ahnung hatte, wie groß die Menge an freigesetzten radioaktiven Stoffen sein könnte, denn überall auf der Welt begannen die Geigerzähler zu ticken, gab man zu: Höchststufe 7, das heißt »katastrophaler Unfall«. Dieses Prädikat hatte man bislang nur Tschernobyl zuerkannt.

Und es gab noch eine Parallele zu Tschernobyl. Auch dort machte man zunächst das berühmte »menschliche Versagen« haftbar. Das Personal war seinen Aufgaben nicht gewachsen, Technik und Technologie sind schuldlos. Schließlich wollte man sie erhalten und weiterhin auf diese Weise Energie erzeugen.

Da man jedoch weder fürs Beben noch für den Tsunami das Personal verantwortlich machen konnte, verlegte man das menschliche Versagen ins Vorfeld.

»Der japanische Energieriese TEPCO hat das Atomkraftwerk Fukushima 1 nicht regelmäßig gewartet«,

Vom Tsunami verwüstetes, abrasiertes Land

schrieb die Hamburger *Zeit* am 21. März 2011. »Das geht aus einem Briefwechsel zwischen dem Unternehmen und der japanischen Atomaufsichtsbehörde hervor, der nun öffentlich wurde. Demnach gab TEPCO bereits am 28. Februar – also mehr als zwei Wochen vor dem Erdbeben – zu, dass insgesamt 33 Ausrüstungsgegenstände im Atomkraftwerk nicht untersucht worden seien. Der Bericht wurde am Montag auf der Internetseite des Unternehmens veröffentlicht.«

Die Absicht, die Technik zu retten, indem man die Menschen, die sie bedienten, gleichsam opferte, ging diesmal jedoch nicht auf. Ungeschönt und demagogisch nicht zu verhüllen waren die mit der Atomenergiegewinnung verbundenen Risiken sichtbar geworden.

Aus dem unbeherrschbaren technischen Problem wurde nun ein politisch nicht beherrschtes Problem.

Die rot-grüne Regierungskoalition in Deutschland hatte 2000 mit den vier deutschen AKW-Betreibern einen sogenannten Atomkonsens ausgehandelt, der 2002 Gesetzeskraft erlangte und als Durchbruch gefeiert wurde. Wie immer bei solchen Sachen war das Getöse gewaltiger als der Ertrag. Erstens sollten keine neuen AKW in Deutschland errichtet werden, zweitens sollte die Regellaufzeit der bestehenden auf 32 Jahre begrenzt werden, und drittens wurde die Menge des Atomstroms limitiert. Als Obergrenze legte man 2,62 Millionen Gigawattstunden fest. Nach Lage dieser Dinge sollte 2021 das letzte AKW in Deutschland abgeschaltet werden.

Die nachfolgende schwarz-gelbe Koalition kippte das Gesetz, indem sie im Herbst 2010 die Betriebszeiten der vor 1980 gebauten sieben AKW um acht und die der übrigen zehn Anlagen um 14 Jahre verlängerte.

Dieses Gesetz zur Änderung des Atomgesetzes trat am 14. Dezember 2010 in Kraft.

Drei Monate später passierte Fukushima.

Drei Tage nach der dortigen Reaktorkatastrophe erklärte Bundeskanzlerin Merkel (CDU) ein »Atom-Moratorium«: Alle 17 deutschen AKW sollten einer Sicherheitsüberprüfung unterzogen und die sieben ältesten

AKW zunächst drei Monate stillgelegt werden. »Wir haben eine neue Lage«, erklärte sie. »Wir können nicht einfach zur Tagesordnung übergehen.«

Und nahm zugleich den Druck aus dem öffentlichen Kessel. Am 27. März sollte in Baden-Württemberg und Rheinland-Pfalz der Landtag gewählt werden. Es war ein cleverer Zug der Physikerin und Politikerin Merkel, der von ihren Parteifreunden und Koalitionskollegen nur murrend hingenommen wurde. Gestern Hü und heute Hott: Was soll denn das? Bundeswirtschaftsminister Brüderle (FDP), ein bekannter AKW-Befürworter, erklärte hinter vorgehaltner Hand bei einem Treffen mit dem Bundesverband der Industrie, dass es sich um wahlkampftaktische Überlegungen und keineswegs um eine dauerhafte Abkehr von der Kernenergie handele.

Am 22. März berief die Kanzlerin obendrein eine »Ethikkommission«, die über die Zukunft der Kernenergie beraten und einen »gesellschaftlichen Konsens zum Atomausstieg« vorbereiten sollte. Zugleich sollten die Fachleute auch praktikable Vorschläge für den Übergang zu erneuerbaren Energien erarbeiten.

Im Mai 2011 waren zeitweise nur noch vier deutsche AKW am Netz.

Bis auf EnBW reichten RWE, Vattenfall und E.ON Schadenersatzklage wegen entgangener Einnahmen von etwa 500 Millionen Euro ein. (Im Juni 2012 meldete die *Frankfurter Allgemeine Zeitung*, dass die vier Energiekonzerne nunmehr etwa 14 Milliarden Euro Schadensersatz für den Atomausstieg einklagen wollten.)

Am 30. Mai 2011 beschloss die Bundesregierung die endgültige Stillegung der vom Moratorium betroffenen acht Kernkraftwerke. Nach Ablauf des Moratoriums sollten sie nicht wieder angefahren werden.

Aber nicht nur das Menetekel von Fukushima hatte den Regierenden in Deutschland den Schreck in die Glieder fahren lassen. Die Grundstimmung im Lande war von den Bildern aus Japan nachhaltig beeinflusst worden, der Wind hatte sich spürbar gedreht. Am 30. März bekam die Bundeskanzlerin einen Brief, den über 300 Wissenschaftler unterzeichnet hatten. »Wir befürchten, dass die Wissenschaft zu lange in der Auseinandersetzung um die Kernkraft in Deutschland geschwiegen hat«, hieß es darin selbstkritisch. »Jetzt ist es an der Zeit, dass wir unsere Stimme erheben und klar zum Ausdruck bringen, dass es keine sicheren Kernkraftwerke geben kann, nicht in der Vergangenheit und nicht in der Zukunft, und zwar aus physikalischen und technischen Gründen.«

Nach der großen Welle

Nach ihrer Überzeugung, so die Unterzeichner, seien »unbeherrschbare Zustände komplexer Technologien« nicht deshalb unvermeidbar, weil »Wissenschaft und Technik noch nicht so weit sind, sondern dies ist eine prinzipielle, naturwissenschaftliche Problematik«. Man könne niemals wissen, »wie sicher unsere Kernkraftwerke wirklich sind, denn wir sind nicht in der Lage, ihre Sicherheit zu berechnen«. Warum und wann komplexe technischen Systeme versagten, könne man nicht ermitteln. »Wir stoßen hier an eine fundamentale Schranke menschlicher Fähigkeiten. Im Falle von Kernkraftwerken mit Gefahren für Millionen von Menschen ist dies nicht länger zu tolerieren.«

So war die Lage im Frühsommer 2011, als ich mich entschloss, zum zweiten Mal nach Japan zu reisen. Unmittelbarer Anlass war der Hilferuf von Katsunobu Sakurai, des Bürgermeisters von Minamisoma, den ich auf Youtube gesehen hatte. »Helft uns, wir sind isoliert und verhungern«, hatte er verzweifelt ins Internet gerufen, »save Minamisoma, rettet Minamisoma!«

Die Stadt mit 70.000 Einwohnern liegt am Rande der Sperrzone des Atomkraftwerks von Fukushima, der Tsunami hatte sie nahezu vollständig zerstört und tausende Menschenleben gefordert.

»Erst ließ das Beben Häuser in sich zusammenstürzen, dann kam die Welle, meterhoch und bedrohlich, spülte Bäume, Autos, Boote ins Land. Zurück blieb der Schlamm. Er bedeckt nun viele Teile Minamisomas, schwerer, brauner Schlick, so weit das Auge reicht«, schrieb der *Spiegel* am 21. März 2011. »Und dann, als wäre das alles nicht schon schlimm genug, explodierte das Kraftwerk, etwa 20 Kilometer liegt Fukushima I entfernt.«

Mehr als zwei Drittel der Einwohner von Minamisoma wären bereits geflüchtet. Sie und der Bürgermeister fühlten sich von der Regierung im Stich gelassen, es käme keine Hilfe. Die Verzweiflung, das sieht man selbst auf den verwackelten Internet-Bildern, ist dem Mann ins Gesicht geschrieben. Zufahrtswege waren zerstört, Stromleitungen gekappt, die Infrastruktur zusammengebrochen.

Inzwischen hat sich auch internationale Hilfe formiert. Es gibt auch Gruppen von Ausländern, die vor Ort helfen. Die Lebensmittel und Hilfsgüter verteilen, welche sie zuvor mit Spenden in Tokyo kaufen. Ich beschließe, mich einer solchen Gruppe anzuschließen und mache mich Anfang August 2011 auf den Weg.

Ankunft

Der Flughafen Tokyo-Narita ist dunkler als im Vorjahr, als ich lande. Poster im Flughafengebäude verraten den Grund: »Stromsparen für Japan!«

Seit der Katastrophe sind an die 40 der 54 japanischen Atomkraftwerke abgeschaltet. Ein Drittel der Energie, die im Großraum Tokyo von etwa dreißig Millionen Menschen, unzähligen Büros und Betrieben verbraucht wird, kam bis zum 11. März aus Fukushima. Jetzt fehlt dieses Drittel erkennbar

Die Aufrufe zum kollektiven Stromsparen begleiten mich auf dem Weg in die City. Solche Notappelle müssen einen Schock bei den verschwenderischen Japanern ausgelöst haben. Im Vorjahr sah ich, wie großzügig überall mit der elektrischen Energie umgegangen wurde. Tokyo ertrank in Leuchtreklame, und jeder sollte jederzeit – so er denn finanziell dazu in der Lage war – konsumieren. In Abständen von wenigen Metern standen an der Straße Durststillautomaten, etwa zwei Millionen im ganzen Land. Im Winter lockten sie mit warmen Getränken und im Sommer mit einem Gefrierfach. Die Automaten strahlten im Lichterglanz, sie kühlten und sie heizten.

Jetzt ist alles zappenduster, die Skyline abgedunkelt. Selbst die Rainbowbridge, nachts in den Regenbogenfarben angestrahlt, ist nicht zu sehen.

Wie ich alsbald in zahlreichen Gesprächen hören werde, scheint die Energienot bei den meisten nicht unbedingt zu einem grundsätzlichen Infragestellen ihrer

Auf den Reisfelder in der Uferzone liegen überall ins Land getriebenen Fischerboote

bisherigen Lebensweise geführt zu haben. Von einem Umdenken ist nichts zu spüren, der Engpass wird als temporär wahrgenommen. Wenn alles repariert ist und die Kraftwerke wieder ans Netz gehen, geht es so weiter wie gehabt. Denken die meisten.

Zwar hat viele auch Hysterie ergriffen, als durchsickerte, dass Luft, Boden und Grundwasser sowie das Meer in großem Maße kontaminiert sind, obwohl die japanische Regierung die konkreten Berechnungen und Prognosen zur Verseuchung und den Folgen bis zum 3. Mai unter Verschluss hielt.

Den ersten Hinweis auf die Existenz einer »radioaktiven Wolke« lieferte der US-Flugzeugträger »Ronald Reagan«, der in einer Distanz von etwa hundert Seemeilen zufällig vor der Insel kreuzte. Innerhalb einer Stunde war am 13./14. März die Strahlenbelastung auf dem Oberdeck um das 700-fache gestiegen.

Der radioaktive Niederschlag vergiftete die Felder in den Präfekturen Fukushima und Ibaraki, das Gesundheitsministerium verfügte daraufhin Verkaufs- und Verzehrverbote für eine Reihe von Nahrungsmitteln und warnte vor dem Genuss von Leitungswasser. Auch Fische und Muscheln kamen schon bald auf die Verbotsliste, durch Partikel aus der Luft und radioaktive Abwässer waren diverse Grenzwerte im Meer bis um das 200.000-fache überschritten. Der Fischfang wurde zwar eingestellt, aber die Forscher machten darauf aufmerksam, dass durch die Schadstoffe Algen und Meeresboden in »bedenklichem Ausmaß« langfristig belastet seien.

Noch im Mai hatte man bei Teeblättern und Bambussprossen, bei Viehfutter aus der Region extreme Werte gemessen. Rinder wurden davon auch in anderen Regionen betroffen, ihr Fleisch war aber bereits in den Handel gelangt und verkauft, was die Angst noch weiter schürte. (Die Kassandrarufe der Fachleute bestätigten sich also: Landwirtschaft wird auf Jahrzehnte in der Region unmöglich sein. Das Salz, das vom Meerwasser zurückblieb, tat ein Übriges.)

Im Umkreis von 100 Kilometern vom detonierten Atomkraftwerk, so lautete die Kurzformel, sei die Strahlenbelastung tausendmal so hoch gewesen wie beim letzten oberirdischen Atombombentest der Amerikaner im Jahre 1963, weshalb man seinerzeit die Tests in der Atmosphäre für immer eingestellt hatte.

In den ersten zwei Tagen nach dem Reaktorunglück waren einige Zehntausend Menschen in unmittelbarer

Nähe evakuiert worden, die außerhalb der 20-Kilometer-Zone Lebenden hatte man lediglich vor dem Verlassen der Häuser gewarnt. Zwei Wochen später forderte man auch sie zum dauerhaften Verlassen ihrer Siedlungen auf. Freiwillig natürlich. Allerdings nannte man als Grund für diesen »Vorschlag« Versorgungsengpässe, nicht die tatsächliche Gefahr. Die lokalen Behörden hingegen wurden angewiesen, den Zutritt, also die Rückkehr, zu verhindern. Verschiedene Experten, darunter der Chef der US-Atomregulierungsbehörde, empfahl die Ausdehnung des zu räumenden Areals auf etwa 80 Kilometer, was die Evakuierung von nahezu zwei Millionen Menschen bedeutet hätte …

Zu den Orten, die in der 20-Kilometer-Zone lagen und darum bis Ende Mai geräumt worden waren, gehört auch Minamisoma. Dort werde ich arbeiten. Meinen Eltern habe ich nicht gesagt, wohin ich fahren werde. Ich fürchtete, dass mindestens meine Mutter in die gleiche Panik verfallen würde wie die Japaner, die stets mit Mundschutz durch Tokyo eilten.

In rührend-hilflosen Auftritten demonstrierten japanische Prominente Unbedenklichkeit. Im März hatte Norikazu Otsuka, einer der beliebtesten Fernsehmoderatoren des Landes, in einem Anflug von Patriotismus in seiner Sendung Lebensmittel aus der Region verzehrt. »Lasst uns dem Norden helfen, indem wir seine Produkte essen«, appellierte er an die Japaner. In Herbst 2011 sollte man bei dem 65-Jährigen Leukämie feststellen. Daraufhin erklärte der Regierungssprecher, Reis aus Fukushima sei »sicher«. Die Regierung werde auch weiterhin versuchen, eine Ausbreitung unbegründeter Gerüchte

Auch ein Jahr nach dem Unglück lagen die Boote noch immer dort, wohin die Flut sie getragen hatte

über radioaktiv verseuchte Produkte aus Japan zu verhindern, zitierte ihn die Nachrichtenagentur *Kyodo.*

Staatssekretär Sonoda trank demonstrativ ein Glas Wasser aus einer Pfütze vor der Ruine des Atommeilers, um zu beweisen, dass die akute Strahlengefahr vorbei sei. Und bereits im April bissen der Regierungssprecher Yukio Edano und ein bekannter Comedian im Fernsehen beherzt in Erdbeeren aus der Fukushima-Region. »Sie sind sehr süß und lecker«, schwärmte Edano.

Vier Wochen nach dem Reaktorunfall waren diverse PR-Kampagnen gestartet worden, begründete Bedenken auszuräumen, dass generell Gemüse und Obst in der Region verstrahlt seien. In der Kantine des Ministeriums für Arbeit, Gesundheit und Wohlfahrt in Tokyo standen Gurken, Tomaten, Lauch und Mitsuba aus der Präfektur Fukushima auf dem Speiseplan. Arbeitsminister Ritsuo Hosokawa behauptete nach dem Essen laut einschlägiger Presseberichte: »Das schmeckt sehr lecker, und es wäre schön, wenn wir noch mehr auf dem Speiseplan hätten.« Das Ministerium für Inneres und Telekommunikation folgte diesem Beispiel.

Herrliche Einfalt, die zu meinen glaubt, radioaktive Belastung am Geschmack zu erkennen.

Ich treffe mich an dem vereinbarten Ort. Kontakt zu der Gruppe hatte ich übers Internet bekommen. Chef ist ein Amerikaner, der von Gelegenheitsjobs als Model lebte. Nun, die Maße und das Aussehen hat er auf jeden Fall noch immer. Damals gehörte er mit zu den Ersten,

Einsatzbesprechung der Gruppe vom Projekt »Rettet Minamisoma« vorm Aufbruch

die den »westlichen« Typ in der Werbebranche besetzten, da war viel zu verdienen. Er habe Tagesgagen bis zu 2.000 Dollar bekommen, berichtet er nicht ohne Stolz, jetzt aber seien die Honorare im Keller. Es sind inzwischen einfach zu viele westliche Ausländer wie er im Land.

Über Tabibitos Blog war ich auf die Aktion »Rettet Minamisoma« aufmerksam geworden. »Tabibito« ist Japanisch und heißt »Reisender«. Der »Reisende« ist Jahrgang 1974 wie mein ältester Bruder und wurde in Bad Saarow geboren. Nach dem Abitur studierte er in Halle Geografie, seit 2005 lebt er in der Präfektur Chiba. »Tabibito« ist mit einer Japanerin verheiratet und hat eine Tochter. »Vor nicht allzu langer Zeit hatte ich einmal erwähnt, einen Teil meines einwöchigen Sommerurlaubs damit verbringen zu wollen, irgendwas Gutes im Nordosten von Japan zu tun. Egal was. Nun, ich habe etwas gefunden, und da ich die Aktion für sehr sinnvoll halte, möchte ich sie an dieser Stelle etwas näher vorstellen«, schrieb er im Sommer 2011 in seinem Blog. »Bei dem ausschließlich von Freiwilligen (Ausländern und Japanern) geführten Projekt geht es darum, den Bewohnern der Stadt Minamisoma zu helfen. Die Stadt liegt an der Nordostküste der Präfektur Fukushima und ist eigentlich mehr ein Zusammenschluss zahlreicher Dörfer. Die Ortschaften entlang der Küste wurden vom Tsunami stark zerstört.«

Das genannte Hilfsprojekt hatte ein in Japan lebender Amerikaner ins Leben gerufen und »Tabibito« sich ihm angeschlossen. Dann berichtete er darüber, dass man Hilfsgüter mit gemieteten und privaten Fahrzeugen nach

Die Trucks werden mit Lebensmitteln beladen

Minamisoma bringe und an die Anwohner und Flüchtlinge verteile. »Die Touren finden momentan alle zwei Wochen statt (so genug Spenden gesammelt werden konnten) und sehen so aus: Ein Tross aus mehreren Fahrzeugen und ca. 10 Freiwilligen versammelt sich Freitag abends in Tokyo, lädt die Sachen auf und fährt in der Nacht nach Minamisoma.«

Am Ende hatte er um Unterstützung gebeten, eine Form bestünde darin, als Freiwilliger mitzufahren. Ich meldete mich.

Als ich am genannten Treffpunkt am Freitagabend zur Gruppe stoße, stapeln sich bereits die Paletten mit Wasserflaschen, Obst- und Gemüsekisten sowie Tüten mit Süßigkeiten für die Kinder auf den beiden offenen Trucks. Diese sind mit Spendengeldern angemietet,

Vorm Lager von Second Harvest Japan

Sponsoren zahlen auch den Diesel und die Mautgebühren. Die Fracht selbst stammt zumeist von Second Harvest Japan. Diese Wohltätigkeitsorganisation ist vergleichbar mit den »Tafeln« in deutschen Städten, jenen rund 900 gemeinnützigen Einrichtungen in der Bundesrepublik, die hilfsbedürftigen Menschen mit Lebensmittelspenden das Dasein sichern helfen.

Und augenblicklich stehen wir vor einem solchen Lager in einem Statdtteil von Tokyo, der vorwiegend von Ausländern besucht wird und als Partytreff gilt.

Second Harvest Japan existiert seit 2000. Es begann als loser Verbund von Suppenküchen, inzwischen hat die karitative Einrichtung ein halbes Tausend Dependancen im Land und versorgt etwa 650.000 Menschen mit Lebensmitteln. Das sind zumeist solche, die in den Supermärkten im Container landen, weil sie aus unterschiedlichen Gründen frischeren und neueren Produkten Platz machen müssen.

Es ist bereits der zweite Konvoi von »Save Minamisoma Project«. Jene, die beim ersten Mal dabei waren, berichten mit leuchtenden Augen, wie sie Lebensmittel verteilt haben, und wie tief die Dankbarkeit der Menschen sie berührt habe, mit denen sie in jener Woche zusammentrafen.

Auch Michael Anopp, ein Amerikaner, der den Konvoi leiten wird, berichtet wie im Rausch, es fallen Begriffe wie Adrenalin und Befriedigung, Selbstverwirklichung und Mission, Abenteuer und Heldentum.

Der Trupp besteht aus einem Dutzend junger Ausländer, die mehrheitlich in Japan leben. Ihre Motive sind sehr verschiedenen und gewiss nicht unehrenhaft, aber irgendwie empfinde ich alle Äußerungen als ein wenig befremdlich. Nach ihrer Mission kehren sie zumeist in ihr bürgerliches Dasein zurück, nach kurzzeitiger Weltrettung, was ihnen ein gutes Gefühl verlieh und wovon sie gewiss noch ihren Enkeln berichten werden, geht alles seinen gewohnten Gang weiter. Der Einsatz hat für mich dadurch den Hautgout von Katastrophentourismus.

Und ich selbst? Ich schließe mich ihnen ja nicht deshalb an, um mein Gewissen zu erleichtern. Ich habe ein Jahr in Japan journalistisch gearbeitet und werde in wenigen Wochen ein entsprechendes Studium in Hannover beginnen. Da treibt mich professionelle Neugier in diese Region, denn soweit habe ich das publizistische Geschäft in Deutschland schon begriffen: Das wird vom Schreibtisch in der Redaktion aus betrieben. Der klassische Reporter, der dorthin geht, wo das geschieht, worüber informiert werden soll und muss, ist eine aussterbende Zunft. Der Augenschein wird durch Internetrecherche ersetzt. Obgleich die Menschheit noch nie so mobil war wie augenblicklich, werden diejenigen immer immobiler, die stellvertretend für ihre Leser, Zuhörer oder Zuschauer die Welt entdecken sollen oder wollen.

So hatte ich denn zunächst bei »Tabibito« angefragt, ob ich seine Mission nach Minamisoma begleiten dürfe, um darüber zu berichten. Er war zunächst dagegen, wir brauchen Helfer, keine Journalisten, erklärte er und machte zur Bedingung – die Plätze in den Fahrzeugen sind begrenzt –, dass ich wie ein Freiwilliger mit Hand anlegte. Nun, daran sollte meine Mitreise nicht scheitern, ich würde mich ganz gewiss nicht immer hin-

Vor dem Aufbruch ins Katastrophengebiet

ter meiner Kamera verstecken, ließ ich ihn wissen. Erst nachdem ich glaubwürdig versichert hatte, dass ich nicht primär wegen der Fotos mitmachen wollte, sondern wirklich helfen wollte, vermittelte er mich an Michael, der den Einsatz leiten würde.

In die Sperrzone von Fukushima

Am Morgen brechen wir in der Dunkelheit auf. Der Konvoi besteht aus den beiden Lastern und einem Kombi. Wir sollen noch an einem Geschäft vorbeifahren, um Gemüse aufzunehmen. Im Licht der Scheinwerfer sehen wir die säuberlich gestapelten Kisten mit Zwiebeln, Kartoffeln und Rettich vor dem Gemüseladen. Wir springen schnell hinaus und quetschen die Kisten noch auf die prall gefüllte Ladefläche.

Ich schwinge mich auf den Beifahrersitz. Den Truck steuert Masa Okazaki, ein Japaner aus Hawai, der in Tokyo lebt und seinen Lebensunterhalt als Webdesigner bestreitet, wie er erzählt. Und Ian Callan quetscht sich noch zwischen uns auf die Bank, ein kanadischer Grundschullehrer, der mit einer Japanerin verheiratet ist. Mindestens einen Monat sei er in jedem Jahr im Lande, sagt er. Callan ist ein drahtiger, athletischer Typ, er laufe Marathon, erfahre ich, während er leicht vorwurfsvoll auf meine Wampe schaut. Seinen Schülern habe er von Fukushima berichtet, von der Not der Menschen, und sie hätten einen Kuchenbasar veranstaltet und Geld gesammelt, das zu Wasser, Gemüse und Süßigkeiten für Kinder wurde, welches wir auf unserem Lkw befördern. Er wird, wenn er wieder an seine Schule in Kanada zurückkehrt, davon ausführlich seinen Schülern berichten.

Das alles hat etwas Anrührendes, es zeigt, dass es kein fremdes Leid gibt, dass Mitfühlen und Solidarität überall auf der Welt existieren, offensichtlich eine menschliche Grundhaltung, und man fragt sich darum, wieso mancherorts eben diese Menschen aufeinander losgehen und sich in Kriegen abschlachten.

Auf der anderen Seite, das merke ich in den Reden, steckt selbst hier der Keim für diese anderen, widerwärtigen Verhaltensweisen. Nicht nur einmal höre ich, dass die Japaner unfähig seien, ausreichend Hilfe zu organisieren. Da schwingt eine nationale Überheblichkeit mit, die mich ein wenig verwundert. Solidarität, meine ich, sollte frei sein von Selbstgerechtigkeit und Selbstgefälligkeit, die einen Anflug von Chauvinismus hat.

Aus den Lautsprecher tönt U2 mit »A beautiful day«, während wir ins Katastrophengebiet rollen.

Wir werden einen weiten Bogen um das Kraftwerk und die radioaktiven Hotspots machen. Bei ihrer ersten Tour, berichtet Masa, hatten sie Geigerzähler vorn an den Truck geschraubt. Vorsichtshalber. Auch jetzt sind welche an Bord.

Nach etwa fünfzig Kilometer auf dem Freeway, der Autobahn, überholt uns einer und gibt Zeichen. Irgendetwas ist mit unserem Lastwagen. Die Gesten sind heftig, es muss also etwas Ernstes sein. Wir stoppen, obwohl es hier verboten ist. Ich springe aus dem Auto, gehe nach hinten. Ach du Scheiße, die Ladetür steht offen. Entweder haben wir sie beim letzten Mal nicht richtig verriegelt oder das Schloss ist defekt. Ich knall die Luke zu und prüfe. Sie sitzt fest. Wir müssen sie im Auge behalten, sage ich Masa. Er nickt und startet.

Dann geht es in die Berge. Der Konvoi quält sich hinauf und hinab, es geht über Serpentinen, Masas Füße tanzen auf den Pedalen. Gas geben, bremsen, kuppeln, beschleunigen, stoppen, Gang rein, Gang raus … Plötzlich

In Japan fährt man links, also sitzt Fahrer Masa Okazaki rechts. Neben ihm Ian Callan, Lehrer in Kanada

riecht es nach verbranntem Gummi. Links und rechts der Straße sind Wälder, und es sind nur wenige Fahrzeuge unterwegs. Das heißt: Der Geruch muss aus unserem Lkw kommen. Das ewige Auf und Ab mit unserer tonnenschweren Ladung hat das Gefährt sehr gefordert. Die hintere Tür ist verschlossen. Gott sei Dank, das Schloss ist wohl doch nicht kaputt.

Es geht weiter. Wenn das Fahrzeug ins Tal schießt, quietschen die Bremsen. Ich schaue etwas skeptisch zu Masa, doch der grinst nur durch seine Sonnenbrille. Fukushima Achterbahn … Wir passieren alte Bergdörfer und Schluchten, die Landschaft ist wundervoll. Das Zirpen der Zikaden in den Wäldern übertönt fast die Musik aus dem Autorradio. Ich schließe die Augen und atme laue Sommerluft.

Trügerische Idylle

»Schön hier«, sage ich.

»Hier haben wir letztes Mal die höchste Radioaktivität gemessen«, antwortet Masa und grinst nicht mehr.

Ich mache mein Fenster wieder zu.

Am Ortseingang von Minamisoma stehen einige Sonnenblumen, sie sind lange verblüht. Keiner kümmerte sich um sie, sie verdorrten in der heißen Sommersonne. Die dunklen Strünke wirken wie eine Metapher. Weltweit ist diese blühende Blume Symbol des Umweltschutzes.

Wir rollen durch menschenleere Straßen. Minamisoma ist zwar Stadt, doch eigentlich ist es ein Zusammenschluss von vielen Dörfern, vor der Katastrophe lebten hier um die siebzigtausend Menschen. Die Distanz von hier, wo wir im Augenblick rollen, bis zum AKW Fukushima 1 ist etwa so groß wie vom Berliner Alexanderplatz bis zum Flughafen Schönefeld. Ein Teil der von Erdbeben und Tsunami verwüsteten Siedlung gehört zur Sperrzone und darf nicht betreten werden. Die dort gemessenen Strahlungswerte liegen deutlich über Normal.

Wir sehen leerstehende Häuser und geschlossene Geschäfte. Die Reisfelder zwischen den Siedlungen und links und rechts des Weges sind verkrautet. Seit Monaten pflegt sie niemand mehr. Die Stille, die auf allem lastet, dröhnt geradezu in den Ohren. Selbst die Vögel scheinen geflüchtet zu sein.

Wir fahren zunächst zum Bahnhof. Dort, so hatte es geheißen, würden wir auf Freiwillige aus dem Ort treffen. Mit ihnen wollen wir besprechen, wie sie uns beim Verteilen helfen können, die Punkte, wo dies geschieht, sind bereits festgelegt.

Noch 35 Kilometer bis nach Fukushima

Auf dem leeren Bahnhofsvorplatz erwartet uns jedoch niemand. Auch im Bahnhofsgebäude sehen wir keine Menschenseele. Bis auf einen Eisenbahner, der pflichtbewusst in seiner Glaskabine hockt. Seit Monaten schon ist hier kein Zug gefahren. Die Szene hat etwas Surreales. Es erinnert mich an Onoda Hiro, jenen Leutnant der kaiserlichen japanischen Armee, der sich erst 1974 auf den Philippinen ergab. Nachdem man den für tot erklärten Nachrichtenoffizier aufgespürt hatte, flog man seinen ehemaligen Vorgesetzten – inzwischen Buchhändler – ein. Der Major a. D. informierte Hiro über die Kapitulation Japans und befahl ihm die Waffen niederzulegen. Hiro trug sein Katana-Schwert, das Gewehr und etwa 500 Schuss Munition sowie mehrere Handgranaten bei sich. Zurück in Japan veröffent-

Zugewachsen: die Touristentafel vorm Bahnhof

lichte er seine Autobiografie unter dem Titel: »Niemals aufgeben: Mein 30-jähriger Krieg«.

Zwar befindet sich der Bahnangestellte nicht im Krieg, auch wenn sein Heimatort zerstört ist, und er trägt keine Waffen, die er zum Zeichen der Kapitulation hätte niederlegen können. Auch sitzt er nicht dreißig Jahre, sondern nur drei Monate auf diesem verlorenen Posten. Doch sein stoisches Beharrungsvermögen, diese Ausübung einer längst sinnlos gewordenen, völlig überflüssigen (Un-)Tätigkeit, die offenkundig erst endet, wenn ein Vorgesetzter zu deren Beendigung auffordert: Das macht ihn dem Soldaten im philippinischen Urwald ähnlich.

Er lächelt durch seine Scheibe, als er mich sieht, und rührt sich nicht vom Platze.

Vom Bahnübergang würde man Fukushima-Daiichi sehen, sagte mir Masa, der Fahrer. Doch so sehr ich auch die Augen zusammenkneife, ich sehe das Kraftwerk am flirrenden Horizont nicht.

Vor dem Bahnhof zeigt eine große Karte Minamisoma und die Umgebung. Ich trete hinzu, um sie zu studieren, und zucke zusammen. Eine blecherne Stimme heißt mich willkommen und wünscht mir einen angenehmen Aufenthalt in der Stadt am Pazifik. Ein unsichtbarer Bewegungsmelder in der Karte hatte offenbar die Ansage ausgelöst, mit der bis vor Kurzem Touristen in Minamisoma begrüßt worden waren. Die plärrende Stimme dröhnt über den Platz und verhallt im Nirgendwo. Es ist wie in einem Horrorfilm.

Langsam macht sich die Müdigkeit bemerkbar, ich habe die letzte Nacht nicht geschlafen wie alle anderen

Cola-Dose aus dem Automaten, vermutlich verstrahlt

auch. Ich bewillige mir eine leicht radioaktive Cola, denn seit dem 11. März dürfte der Getränkeautomat, der brav wie erwartet die Dose ausspeit, bestimmt nicht neu aufgefüllt worden sein. Ach, wird schon nicht so schlimm gewesen sein.

Ich sitze auf dem Bahnsteig und schaue den Gleisen nach, die nach Fukushima führen. Aus dem Schotter bricht Grün. Die Mittagshitze verführt zum Dösen. Es ist unerträglich heiß.

Auf einmal sind Stimmen zu vernehmen. Es sind die ersten hiesigen Freiwilligen, die mit Rädern vorfah-

Grün beginnt die rostenden Gleise zu überwuchern

ren und aus Autos springen. Der Leiter des Trupps macht einen kauzigen Eindruck. Er trägt eine Sonnenbrille und einen Strohhut und breitet seine durchgeschwitzte Hose auf der Motorhaube aus. Auch Michael, unser Chef, trägt bereits das dritte T-Shirt seit Tokyo. Offensichtlich achtet er darauf sehr.

Die Gruppe der Japaner besteht aus jungen Männern, die alle die gleichen schwarzen Hemden eines Sportvereins tragen, und etlichen nicht mehr ganz so jungen Frauen. Neugierig versammeln sie sich um unseren Anführer, der in gebrochenem Japanisch mit amerikanischen Akzent erklärt, was wir auf den Wagen haben. Es geht hin und her, die Helfer machen Vorschläge, die wir nicht verstehen, dann aber ist man sich einig, dass wir in drei verschiedenen Notaufnahmela-

Die einheimischen Helfer sind da. Es erfolgen die Absprachen, wohin wir fahren sollen

gern von Flüchtlingen aus Fukushima und der Tsunami-Region Lebensmittel verteilen werden.

Ich bin nicht der erste Deutsche hier, wie ich erfahre. Das Technische Hilfswerk (THW) war nach dem Tsunami die erste internationale Hilfe vor Ort, und die Mitarbeiter blieben auch, als sich andere Organisationen nach Fukushima längst verdrückt hatten.

Im Notaufnahmelager

Das erste Camp besteht aus Aluminiumbaracken. Diese wurden für die Obdachlosen aus der 20-Kilometer-Zone von der Regierung dort hingestellt. Die grauen Baracken stehen auf grauem Kies, kein Baum spendet Schatten. Es ist unerträglich heiß in diesen Metallkästen.

Doch immerhin: Einige Hundert Menschen haben wenigstens ein Dach überm Kopf, wenngleich kein sehr Schönes. In der ersten Not schauten sie darüber hinweg. Inzwischen sehen sie es anders. Das merkt man an den Blicken, aus denen oft Hoffnungslosigkeit spricht. Sie haben ihr ganzes Hab und Gut einschließlich der Arbeit oder des Ackers, der sie nährte, verloren. Einfach alles. Sie sind auf Hilfe angewiesen, bis … Ja, bis wann? Nicht alle haben Verwandte in anderen Regionen, bei denen sie unterschüpfen können, nicht alle verfügen über Ersparnisse, mit denen sie an anderer Stelle eine neue Existenz gründen könnten. Die Jungen sind mobil und ohne Anhang, die sind schon weg. Aber was ist mit den Älteren, den Kranken und Schwachen?

Wir stellen die Trucks nebeneinander und laden ab. Die Menschen kommen herbei und bilden diszipliniert eine Schlange. Geduldig und stumm warten sie, bis wir mit dem Verteilen beginnen.

Pro Person und Haushalt wird eine bestimmte Anzahl Kartoffeln, Wasserflaschen und Obst ausgegeben. Das besorgen die Frauen. Wir Männer stehen auf den Ladeflächen und reichen die Stiegen und Kisten hinunter, sobald Nachschub gebraucht wird.

Oder wir tragen in Tüten und Kartons die Lebensmittel für die oft alten, gebrechlichen Frauen »nach Hause«. Die meisten sind jenseits der Sechzig und tragen an sich selbst genug.

Ich mache mich anheischig, einer Japanerin, die bestimmt schon über achtzig ist, behilflich zu sein. Die Frau geht krumm. Doch sie wehrt sich. Nein, es sei des Guten zu viel, bedeutet sie mir, nicht nur, dass ihr etwas geschenkt wird, womit sie überleben kann, nun soll ihr das auch noch in ihre Hütte getragen werden. Das gehe nicht. Die japanische Höflichkeit macht es ihr sichtlich schwer, das Angebot anzunehmen. Auf dem Weg stammelt sie immer wieder Entschuldigungen.

Ich nehme mir meine Kollegen zum Vorbild. Die greifen einfach beherzt nach den Tüten und lassen sich auf keine Diskussion ein.

Sonst spricht man natürlich miteinander.

Vor den Trucks mit den frischen Lebensmitteln bildet sich eine Warteschlange

Mein Japanisch ist vergleichsweise bescheiden, doch für eine kleine Konversation genügt es. Die erste Frage, die stets gestellt wird: Wo kommst du her?

Ich antworte wahrheitsgemäß und bekomme zu hören: Jaja, die deutsch-japanische Freundschaft, wir helfen uns immer, wenn es schwer ist.

Nun ist es an mir, höflich zu schweigen, denn die Achse Berlin-Tokyo gehört nun wahrlich nicht zu den Kapiteln unserer gemeinsamen Vergangenheit, derer wir uns rühmen sollten. Überdies sind meine Sprachkenntnisse doch zu dürftig, um meine Weltsicht zu erläutern. Zudem ist es hier wohl mehr als deplaziert, einen Vortrag über die einstige Verbindung zwischen deutschen und japanischen Faschisten abzuhalten. Es geht um Existenzsicherung, nicht um einen Exkurs in Geschichte. Mit steht es nicht zu, diese alte Japanerin zu belehren. Ich nicke also stumm und lächle höflich wie ein Japaner. Aber vielleicht meinte sie ja auch das THW.

Die numerierten Häuser sind auch innen normiert. Sie sollen wie eine japanische Wohnung wirken, doch Holz und Reisstrohmatten sind durch Stahl und Kunststoff ersetzt. Man hatte mich vorbereitet, keine zu persönlichen Fragen zu stellen, den Menschen sei es peinlich, hier zu wohnen. Die Suizidrate sei überdurchschnittlich hoch, auch würde viel getrunken, mehr, als sonst gemeinhin üblich. Diese Scham versteht nur, wer die japanische Mentalität begreift. Auch wenn sie unverschuldet in die Lage kamen, in der sie sich jetzt befinden, betrachten sie die »höhere Gewalt« als persönliches Missgeschick. Nur ein Gefühlloser würde sagen: Mit Recht, schließlich haben sie geduldet, dass man ihnen ein Atomkraftwerk

Normierte Notunterkünfte aus Aluminiumblech

vor die Nase baute. Die Wahrheit jedoch ist: Sie hätten dies, selbst wenn sie widersprochen oder gar Widerstand geleistet hätten, so wenig verhindern können wie das Erdbeben und den Tsunami. Die kleinen Leute sind selten Täter, aber stets die Opfer. Sie baden aus, was »die da oben« verbockten.

Die wenigen Fragen, die ich dann doch stelle, treffen oft auf taube Ohren. Sie werden allenfalls mit einem höflichen Lächeln beantwortet – wenn überhaupt darauf reagiert wird.

Das zweite Lager gleicht dem ersten.

Allerdings steht es direkt neben einem Reisfeld. Das saftige Grün kontrastiert die Trostlosigkeit der farblosen Aluminium-Baracken. Der Gegensatz wirkt geradezu obszön. Natur kontra Künstlichkeit. Das ist nur der bloße Schein. Das Feld ist kontaminiert, der Reis ungenießbar. So starren denn die Bewohner des Notaufnahmelagers

Das zweite Lager gleicht dem ersten

Scharfkantiger Schotter zwischen den Notunterkünften. Aber immer noch besser als anderswo auf der Welt

mit hungrigen Mägen auf das Getreide, das sie nicht essen dürfen. Minamisoma hatte genug Reis, dass alle davon satt wurden. Damals, bevor aus dem Kraftwerk die radioaktive Wolke stieg, der Regen und vor allem das Salzwasser die Felder vergiftete.

Zum Schluss fahren wir in einer Neubausiedlung vor.

Vier graue numerierte Wohnblöcke, sechs Stockwerke hoch. Nach der Katastrophe gingen die Bewohner weg. So wurde es frei für Familien, die ihr Zuhause im März verloren haben.

Ich buckle eine schwere Kiste ins Obergeschoss, daheim in Berlin nehme ich den Lift in die siebte Etage. Kurzatmig und mit hochrotem Kopf erreiche ich mein Ziel. Die Frau fragt mich, ob sie was für mich tun könne. Ja, sage ich, ein Schluck Wasser wäre nicht schlecht. In meiner Verwirrtheit habe ich völlig vergessen, dass sie nicht einfach den Wasserhahn aufdrehen kann, woran ich dachte, soweit man mit rasendem Puls überhaupt denkt. Statt mit einem Wasserglas erscheint sie in der Tür mit zwei Saftflaschen und zwei Dosen Kaffee. Bevor ich meine Hände abwehrend hebe, erinnere ich mich des Grundsatzes: einem Japaner nie etwas ablehnen. Das wird als Unhöflichkeit verstanden. Da kommt ein Blonder aus Deutschland, reist um die halbe Welt, um uns Kisten mit Kartoffeln und Zwiebeln in den sechsten Stock zu schleppen, und dann nimmt er noch nicht einmal unsere Dankbarkeit an, würde sie denken. Ich verbeuge mich und nehme die Dosen und Flaschen.

Ich verteile die Getränke unter meinen Mitstreitern und lasse mich erschöpft ins Gras fallen. Das war die letzte Kiste für heute, das Tagwerk ist vollbracht. Ich liege auf der Wiese und schaue in den blauen Himmel über mir.

Aus meinem Schlummer reißt mich der Schreckensruf unseres Leiters.

»I'd like to run a Geiger counter on your ass, Fritz«, ruft er. Die anderen feixen. Sie waren stehengeblieben

Fertig

oder lagen auf den Ladeflächen der Trucks. Natürlich, das hatte ich völlig vergessen. Ich schieße in die Höhe und schüttle mir die Grashalme vom Gesäß.

Michael drängt zum Aufbruch, er will heute noch nach Tokyo zurück, sonst kosten die Trucks extra. So richtig wohl scheint er sich nicht zu fühlen. Auch wenn die Anzeige im Messgerät keine erhöhten Werte zeigt, ist er sich nicht sicher. Die Helfer aus dem Ort jedoch winken ab, sie wollen unbedingt mit uns zu Abend speisen und laden uns ein. Mit einer Gegenstimme wird der Vorschlag angenommen, die Demokratie siegt über die Vorsicht.

Retour nach getaner Arbeit

Wir folgen den Aktivisten und halten schließlich vor einem beachtlichen Gebäude, in Deutschland würde man sagen: eine Villa. Aber das Haus ist traditionell japanisch außen wie innen, und darum schlechterdings mit deutschen Bauwerken nicht zu vergleichen. Ungewöhnlich auch der Standort: Üblicherweise stehen solche Häuser nicht mitten in einer japanischen Stadt.

Die Frauen, die am Vormittag beim Verteilen der Lebensmittel halfen, haben kräftiges Beef-Curry zubereitet. Ausgehungert, wie wir alle sind, langen wir ordentlich zu. Mein Gesicht ist inzwischen rot wie das Curry. Dort, wo ich mir ein Handtuch um den Kopf gebunden hatte, zeichnet sich ein deutlicher Rand ab. Die anderen amüsieren sich über meinen Sonnenbrand. Ich will nur hoffen, dass es Sonnenbrand ist … Aber Quatsch, dann würden die anderen ja auch so strahlen. Ich lange nach dem Vanille-Eis zum Dessert.

Der Leiter und die beiden Lkw-Fahrer liegen auf der Veranda und dösen. Der Ami trägt mittlerweile das fünfte Shirt seit Tokyo und streckt alle Viere auf dem lackierten Holz von sich. Ich stinke wie ein Wiedehopf: seit 25 Stunden trage ich das gleiche Hemd. Auch die anderen Nicht-Asiaten riechen unangenehm. Die Japaner hingegen kennen das Problem nicht. Sie haben ein Gen zu viel oder zu wenig, jedenfalls besitzen sie das sogenannte Transportprotein ABC11 nicht, das bei uns Weißen die geruchsbildenden Schweißbestandteile an die Hautoberfläche befördert, wie die Wissenschaft her-

Ich beim Nickerchen auf der Ladefläche des Lasters

ausfand. Für die Kosmetikindustrie war diese Entdeckung eine herbe Enttäuschung: Asien schied als Mark für Deodorants aus. Auf welchen Unsinn man so kommt, denke ich, während ich satt und zufrieden an der Wand hocke und vor mich hinstinke.

Schnell noch ein Gruppenbild zum Abschied, dann schwingen wir uns in die Fahrzeuge.

Für die Rückfahrt wählen wir eine andere Route. Die meiste Zeit verläuft die Straße in Ufernähe. Obgleich mehrere Monate seit der Katastrophe vergangen sind, sieht man noch deren Spuren. Im Licht der untergehenden Sonne ragen Betonpfeiler, einzelne Gebäude und stehengebliebene Bäume in den Himmel, sonst ist bis zum Ufer alles leer. Eine gespenstische Idylle im Abendrot. Die Trümmer sind beseitigt, die Siedlungen und deren Reste beräumt. Boote, Autos, Holzhäuser und anderes Treibgut waren von einer einzigen Welle mit gigantischer Wucht übers Land gespült worden. Wir kennen die Bilder aus dem Fernsehen, konsterniert sahen Menschen weltweit, wie Schiffe über Mauern gehoben und ganze Wohnhäuser unter Brücken gedrückt wurden. Das alles ist Geschichte, die Dörfer liegen auf Deponien, die Menschen und ihre Hinterlassenschaften sind in alle Himmelsrichtungen verstreut. Monate später wird an Nordamerikas Küste Treibgut aus Japan stranden. Nach einem 5.000-Kilometer-Ritt über den Pazifik bleibt eine Harley Davidson am Ufer von Graham Island in Kanada liegen. Ein andermal melden die Agenturen, dass nördlich von New Port in Oregon ein 165 Tonnen schweres Hafendock aus Stahlbeton angespült worden

Fahrer Masa programmiert das Navi

ist. Wie man herausfindet, stammt es aus der Präfektur Aomori. Auch der Besitzer des Motorrades wird ermittelt. Es ist ein 29-Jähriger aus der Gegend nördlich von Minamisoma. Er berichtet den Reportern, die ihn ausfindig machten, dass er durch den Tsunami drei Familienangehörige und sein Haus verloren hat. Das Motorrad habe sich in einem Container am Haus befunden, der ebenfalls von der Welle mitgerissen worden war.

Durch solche Geschichten bekommt das Leid ein Gesicht, es wird fasslich und konkret, wiewohl in der Tragik auch immer ein wenig Absurdes mitschwingt.

Der Mann erzählt in die Kamera, dass er das Motorrad selbstverständlich wieder zurückholen werde. Vielleicht, weil es das Einzige ist, was ihm von seiner persönlichen Habe blieb, das Stück Blech als Andenken an seinen schwersten Schicksalsschlag, warum nicht. Aber indem der Vorgang öffentlich gemacht wird auf dem weltweiten Boulevard, bekommt das verständliche Mitgefühl eine gefährliche Note. Denn unausgesprochen schwingt die Botschaft mit: Alles geht weiter, alles wird gut. Das jedoch ist eine Illusion. Nichts wird gut, wenn alles so bleibt.

Wir passieren die erste große Stadt, das ist Iwaki. Sie gehört noch zur Präfektur Fukushima, hier beginnt oder endet die erweiterte Sperrzone, je nach dem, aus welcher Richtung man kommt. Hinter uns liegen rund 80 Kilometer, die Hälfte davon haben wir bereits auf dem mehrspurigen Expressway Richtung Hauptstadt, der Nationalstraße 6, absolviert.

Masa hinterm Lenkrad erzählt, dass selbst in Iwaki nicht wenige der rund 350.000 Einwohner das Weite gesucht haben und weggezogen sind. Die Industriestadt liegt an der Mündung des gleichnamigen Flusses, auch sie wurde vom Erdbeben und dem Tsunami im März heimgesucht. Doch die Zahl der Toten und Vermissten hielt sich – gemessen an den weiter nördlich registrierten Opfern – in Grenzen. Wenig mehr als dreihundert

Gestrandet

Masa bei der Zigarettenpause

Menschen kamen in den Fluten um, knapp Hundert werden seither vermisst. Was das bedeutet, weiß jeder.

Die Nationalstraße, auf der wir der Hauptstadt entgegendonnern, ist eine der wichtigen Nord-Süd-Verbindungen auf der Insel Honshu, sie verbindet Tokyo mit Sendai. Jener Teil, der durch die Präfektur Fukushima führt, darf derzeit nur mit Sondergenehmigung befahren werden, deshalb konnten wir erst bei Hirono auf die Autobahn. Auch für die Eisenbahn heißt es hier Endstation.

Die Kleinstadt Hirono am Ufer des Pazifik heißt bei den jungen Japanern J-Village, weil sich dort das nationale Fußballtrainingszentrum befindet. Auch die Nationalmannschaft trainiert hier. Trainierte, um genau zu sein, denn wegen der AKW-Katastrophe wurde »empfohlen«, den Ort zu verlassen, da er vollständig in der 30-Kilometer-Zone liegt. Die Gemeindeverwaltung wurde bereits am 15. März in eine Sporthalle verlegt und amtiert in Iwaki. Wie ich später, wieder daheim in Deutschland las, war Hirono die erste Gemeinde im Katastrophengebiet, die ihre Verwaltung wieder an den angestammten Ort zurückverlegte, nachdem Ende September die Regierung ihre Evakuierungsempfehlung zurückgezogen hatte. Am 14. Dezember 2011 arbeitete Hironos Verwaltung wieder »normal«.

Unser Konvoi nähert sich der »Zivilisation«, die, sieht man von den Stromengpässen einmal ab, auf den ersten Blick kaum von den Katastrophen berührt worden ist.

Anfänglich herrschte Panik vornehmlich unter den Ausländern, die meisten Japaner reagierten gefasst. Man fürchtete, dass die radioaktive Wolke aus dem in etwa 240 Kilometer liegenden AKW bis nach Tokyo ziehen würde. Einige Tage waren die Straßen nahezu leer, viele Geschäfte blieben geschlossen, öffentliche Einrichtungen verwaisten. Der regierungsamtlichen Entwarnung, die Wolke würde aufs Meer ziehen, glaubte man nicht. Nicht grundlos waren bereits etwa zweihunderttausend Menschen aus der 20-Kilometer-Zone evakuiert worden.

Und selbst wenn es die Wolke aktuell auf den Pazifik zöge: Was würde geschehen, wenn der Wind drehte oder ein zweiter oder dritter Reaktor in Fukushima explodierte, nachdem wie in Reaktor 3 die Kühlung ausgefallen war? Und wenn es zu jener Kernschmelze käme, vor der die Experten immer warnten: Was geschähe dann? Bislang hatte man damit kaum Erfahrungen, sieht man einmal von Tschernobyl ab, doch da ließen sich die Russen nicht in die Karten schauen. Nur die Theorie ist klar: Überhitzen die Brennstäbe, entsteht ein bis zu 2.000 Grad heißes Schmelzgemisch, welchem kein Stahlbeton widersteht. Die atomare Suppe frisst sich durch den Reaktor. Das Kühlwasser verdampft, Wasserstoff und Sauerstoff werden geschieden, das entstehende Knallgasgemisch wird mit großer Wucht explodieren und die Schutzanlagen sprengen. Danach würde radioaktives Material freigesetzt werden: in die Atmosphäre und in den Erdboden, bis zu dem die Kernschmelze sich gleichsam durchgefressen hätte. Zurück bleiben extrem strahlendes Uran und Plutonium, und der Wind verteilt hochgiftiges Cäsium 137. Die Szenarien werden fortlaufend im Fernsehen durchgespielt, weltweit. Und man erinnert auch an frühere Unfälle.

Exkurs: Die schwersten Atomkatastrophen

1956 Windscale/Sellafield (Großbritannien): In einer Anlage bei Windscale brach in einem zur Herstellung von Bombenplutonium genutzten Reaktor ein Feuer aus. Radioaktive Gase verseuchten ein Gebiet von mehreren hundert Quadratkilometern. Mindestens 39 Menschen starben an den Folgen.

1957 Majak (Sowjetunion): Im Chemiekombinat »Majak« im Gebiet Tscheljabinsk, der ersten Anlage zur industriellen Herstellung spaltbaren Materials für Kernwaffen in der Sowjetunion, explodierte ein unterirdischer

Betontank mit flüssigen radioaktiven Abfällen. Mindestens 1.000 Menschen starben, 10.000 wurden verstrahlt. Verlässliche Zahlen gibt es bis heute nicht. Ein 300 Kilometer langer und bis zu 40 Kilometer breiter Landstreifen ist seitdem verseucht. Nach Tschernobyl und Fukushima gilt Majak als die größte nukleare Katastrophe.

Nicht uninteressant zu wissen, dass die Anlage – in welcher das waffenfähige Plutonium für die sowjetischen Atombomben gewonnen wurde, mit der das annähernde militärstrategische Gleichgewicht mit den USA hergestellt worden war – auf der Flugroute von Gary Powers lag, bevor dieser am 1. Mai 1960 abgeschossen wurde.

<u>1957 Windscale/Sellafield (Großbritannien):</u> Im britischen Kernreaktor in Windscale – ab 1983 Sellafield genannt – wurde nach einem Brand eine radioaktive Wolke freigesetzt, die sich über Europa verteilte.

<u>1977 Grundremmingen (BRD):</u> Kurzschlüsse in zwei Hochspannungsleitungen führten im deutschen Atomkraftwerk Gundremmingen in Bayern zu einem Totalschaden. Das Reaktorgebäude wurde mit radioaktivem Kühlwasser verseucht.

<u>1979 Harrisburg (USA):</u> Zum bis dahin schwersten Atomunfall in den USA kam es im Kernkraftwerk Three Mile Island/Harrisburg (Pennsylvania). Maschinen- und Bedienungsfehler hatten zum Ausfall der Reaktorkühlung geführt, die eine partielle Kernschmelze und die Freisetzung von radioaktiven Gasen zur Folge hatte. Eine radioaktive Wolke wurde noch mehrere hundert Kilometer vom Unglücksort gemessen. Mehr als 200.000 Menschen mussten ihre Häuser verlassen.

1986 Tschernobyl (Sowjetunion): Die weltweit schwerste Katastrophe bisher war die Explosion des Leichtwasser-Graphit-Reaktors von Tschernobyl in der Ukraine. 32 Menschen starben sofort, tausende an den Spätfolgen nuklearer Verstrahlung. 120.000 Menschen mussten umgesiedelt werden. Wolken und Winde trugen die freigesetzte Radioaktivität auch nach Westeuropa.

1999 Tokaimura (Japan): In einem Brennelementewerk in der japanischen Stadt Tokaimura setzte nach einer unvorschriftsmäßigen Befüllung eines Vorbereitungstanks eine unkontrollierte Kettenreaktion ein. Starke radioaktive Strahlung trat aus.

2000 bis 2006 Temlin (Tschechien): In den ersten sechs Jahren seit Inbetriebnahme des AKW wurden fast 100 Störfälle gemeldet.

Wie Fische auf dem Trocknen. Fischerboote als Mahnmale einer Naturkatastrophe

2001 Brunsbüttel (BRD): Eine Wasserstoffexplosion verursachte im Atomkraftwerk Brunsbüttel einen Störfall. Der Reaktor wurde erst auf Drängen der Kontrollbehörden im Februar 2002 zur Inspektion vom Netz genommen.

2006 Forsmark (Schweden): Nach einem Kurzschluss wurde im schwedischen Kernkraftwerk Forsmark einer von drei Reaktoren automatisch von der Stromversorgung getrennt, der Reaktor heruntergefahren.

2009 Krümmel (BRD): Der Reaktor Krümmel in Schleswig-Holstein wurde nach einem Kurzschluss im Maschinentransformator per Schnellabschaltung vom Netz genommen. Ein baugleicher Transformator war Ende Juni 2007 nach einem Kurzschluss in Brand geraten.

2012 Fessenheim (Frankreich): In dem seit 35 Jahren produzierenden AKW im Elsass – hier befinden sich die ältesten in Betrieb befindlichen Druckwasserreaktoren Frankreichs – trat heißer Wasserstoffperoxid-Dampf aus, bei dem zwei Menschen Verbrennungen erlitten. Bereits drei Monate zuvor war es wiederholt zu Unregelmäßigkeiten in den Regulierungswerkzeugen von Reaktorblock 2 gekommen.

»Es tut uns leid, dass wir Ihnen Mühe machen«

Wenn man Japanisch lernen möchte, gibt es zwei Standardwerke. Eines beginnt so: »Hallo, mein Name ist Yamada und ich arbeite bei Tokyo Electric.«

Tokyo Electric, vollständig *The Tokyo Electric Power Company*, heißt abgekürzt TEPCO. Das im Nikkei, Asiens bedeutendstem Aktienindex, geführte Unternehmen erzeugt 27 Prozent der Energie Japans. Der Energiekonzern ist der Monopolist im Großraum Tokyo. Gemessen am Umsatz belegt TEPCO auf der japanischen Unternehmer-Hitparade Rang 13. Und bei den größten CO_2-Produzenten auf der Welt rechnet TEPCO mit seinen rund 53.000 Angestellten zu den dreißig größen Umweltverpestern. 2007 soll der Kohlendioxidausstoß bei 62 Millionnen Tonnen gelegen haben.

TEPCO betreibt 25 mit Gas, Öl und Kohle betriebene Verbrennungskraftwerke sowie ein Geothermkraftwerk und einen noch kleineren Windpark. Der Konzern hat auch drei AKW, davon stehen zwei in Fukushima. Damit erzeugte das Energieunternehmen im Jahr 2009 über 17.000 Megawatt – fast doppelt soviel wie mit seinen 160 Wasserkraftwerken.

Bevor im März 2011 TEPCO weltweit bekannt wurde, hatte sich der Stromriese bereits bei den einschlägigen Kontrollbehörden einen wenig guten Namen gemacht. Von 1986 bis 2002 – Tschernobyl lässt grüßen – waren Reaktorunfälle absichtsvoll verschwiegen und Berichte gefälscht worden, wie im August 2002 publik wurde. Danach erfolgte, wie in solchen Fällen üblich, das entsprechende Bauernopfer: Drei der Führungskader des Unternehmens traten zurück. Die 17 Reaktoren der drei AKW wurden heruntergefahren, gingen aber 2004 alle wieder ans Netz.

2007 musste nach einem Erdbeben das größte AKW von TEPCO, das in Kashiwazaki-Kariwa, wegen sichtbarer Schäden neuerlich abgeschaltet werden. Die Reparatur dauerte 21 Monate. Durch diesen Produktionsausfall machte der Konzern erstmals seit Jahrzehnten Verluste, was Aktionäre nie gern sehen. Der Firmenchef musste seinen Hut nehmen.

Am 28. Februar 2011, zwei Wochen vor dem Gau in Fukushima, erfuhr die NISA, das ist die japanische Atomaufsichtsbehörde, aus einem selbstkritischen Schreiben von TEPCO, dass es erhebliche Mängel bei Inspektion und Wartung der Kernkraftwerke gab. Was der Anlass für diese Offenbarung war, bleibt im Nebel. Vielleicht kam man nur einer Inspektion durch die NISA zuvor, die möglicherweise noch mehr ans Licht gebracht hätte. Jedenfalls räumte man ein, dass im Atomkraftwerk Fukushima 1 insgesamt 33 Geräte und Maschinen seit elf Jahren nie sorgfältig kontrolliert worden seien, darunter auch Notstrom-Dieselgeneratoren. Der Ausfall der Notstromversorgung sollte bekanntlich am 11. März zum Zusammenbruch der Kühlung in vier der sechs Reaktoren führen, was als Ursache des Unglücks gilt. Dennoch wurde später von TEPCO bestritten, dass es einen kausalen Zusammenhang zwischen den nicht ausgeführten Inspektionen und dem großen Knall gegeben habe.

Und während schon bald überall die Geiger-Zähler tickten – in Tokyo lagen zwar die Cäsiumwerte im Trinkwasser nur leicht höher als üblich, doch der Spinat in Hitachi, rund hundert Kilometer von Fukushima, wies bereits wenig später extrem hohe Werte auf –, während in Fukushima 1 Feuerwehrleute, Techniker und Ingenieure unter Einsatz ihrer Gesundheit (und damit ihres Lebens) die Schäden im AKW einzudämmen versuchten, Zehntausende Menschen ihre Häuser verlassen mussten, beschwichtigte und beschönigte die TEPCO-Führung. Zehn Tage nach der Evakuierung suchte einer aus der Unternehmensspitze ein Notlager auf und sagte den aus ihren Häusern und Wohnungen Vertriebenen: »Es tut uns leid, dass wir Ihnen so viel Mühe bereitet haben.«

Mühe?

Der Gouverneur der Präfektur Fukushima kochte. »Angesicht der Sorge, der Wut und der Verzweiflung, die

Brachliegende, versalzene Reisfelder links und rechts

die Menschen in Fukushima empfinden, gibt es für mich keinen Weg, eine Entschuldigung anzunehmen.«

Natürlich ist die Frage legitim: Warum kochte er nicht schon früher vor Wut?

Die Antwort ist auch bekannt: Weil er und alle anderen Japaner nicht nur loyal zur Energiepolitik der Regierung standen, sondern weil sie alle an die vermeintliche Sicherheit ihrer Kernkraftwerke glaubten. Nur im Ausland stellte man die Frage: Wie kann ein Land, dass als einziges die Schrecken der Atombombe selbst erlebte, derart auf Nuklearenergie setzen? Hat man die '45er Katastrophe verdrängt oder absichtsvoll vergessen?

Wie in Nazideutschland wurde auch im faschistischen Japan seit den 30er Jahren Nuklearforschung betrieben. Während man in den USA am Manhattan Project arbeitete, versuchten sich mehrere japanische Forschergruppen an der Kernspaltung und deren Einsatz als Waffe. Laut unbewiesenen Aussagen in verschiedenen Quellen sei am 12. August 1945 ein erster Atombombentest in der Nähe von Hungnam im besetzten Nordkorea geplant gewesen. Doch die Befreiung der koreanischen Halbinsel durch die sowjetische Rote Armee verhinderte den Versuch. Wegen der zeitlichen Nähe zu den Atombomben»tests« unter kriegsnahen Bedingungen in Hiroshima und Nagasaki (6. und 9. August) ist die Vermutung nicht ganz abwegig, dass diese Meldung vom bevorstehenden japanischen Atomtest von US-Geheimdiensten verbreitet wurde, um den umstrittenen Einsatz der eigenen Atombomben zu rechtfertigen.

Nach dem Krieg verpflichtete sich das Kaiserreich, Atomwaffen weder herzustellen, zu besitzen noch einzu-

Leere Straßen in der Sperrzone, unser zweiter Truck

führen, in der Verfassung wurde sogar festgeschrieben, keine offensiven Streitkräfte aufzubauen. Dieser Verzicht auf einen Rüstungsetat, das nur nebenbei, bekam der japanischen Wirtschaft ausnehmend gut: er führte das Land an die Weltspitze.

Allerdings erließ die japanische Regierung bereits zehn Jahre nach Hiroshima und Nagasaki ein Gesetz zur

Masa hat die Straße immer im Blick

friedlichen Nutzung der Kernenergie. Matthias Koch hat 1992 in Marburg – verlegt vom Förderverein Marburger Japan-Reihe – eine sehr bemerkenswerte Studie über die Geschichte der japanische Kernenergiepolitik publiziert. Weil sie gedruckt nicht mehr verfügbar ist, hat er sie ins Internet gestellt. Dort kann man auf knapp zweihundert Seiten nachlesen, wie sich das alles in Japan entwickelte, was irgendwie zwingend und folgerichtig zu 54 japanischen AKW und zu Fukushima führte. Die äußerst faktenreiche, unpolemische Darstellung entstand immerhin zwei Jahrzehnte vor dem großen Unglück – aber eben sechs Jahre nach Tschernobyl.

Als in den 50er, 60er Jahren das rasante Wachstum in Japans Wirtschaft einsetzte, stieg auch der Energiebedarf. Die Amerikaner, als Sieger und Besatzungsmacht noch sehr präsent in der japanischen Politik, regten an, die neue Technologie der nuklearen Energie einzusetzen, welche in den USA entwickelt wurde. Die ersten Reaktoren in Japan bauten britische und US-Firmen, bis die Japaner eigene hatten. Man machte der japanischen Bevölkerung mit Subventionen und Werbung die »saubere Energie« schmackhaft. Japans größte Stadt wuchs jedes Jahr um Millionen und damit ihr Energiebedarf und somit TEPCO zu einem der größten Energieerzeuger der Welt.

Ja, auch in den Schulen war Atomkraft Thema, allerdings wurden dabei nur die positiven Aspekte der Technik vermittelt. Atomkraft galt als unbedenklich, sauber und sicher. Risiken und Gefahren tauchten nicht auf. Wenn man als Europäer im Gespräch Bedenken äußerte, wurde man nur irritiert angeschaut. Mir ging es noch 2009/10 so. Und , wie erwähnt, als ich Japanisch zu lernen begann, lautete der erste Satz im Buch: »Hallo, mein Name ist Yamada und ich arbeite bei Tokyo Electric.«

Natürlich war das politisch gewollt. Wer nichts über die Risiken von Atomkraft weiß, beschwert sich auch nicht, wenn in der Nachbarschaft ein neues Kraftwerk gebaut wird.

Doch so sauber wie behauptet waren die Atomkraftwerke bekanntlich nicht. Es gab viele kleine Vorfälle in Japan, die verschwiegen wurden. Und Unfälle im Ausland wie etwa in Tschernobyl oder Harrisburg wurden allenfalls peripher wahrgenommen. Japanische Technologie galt als sicher in der Bevölkerung. Die Russen besaßen nicht die ausgeklügelte Technik wie die hochentwickelten Japaner, und die nachlässigen Amerikaner haben nur geschlampt. Im Umgang mit den Störfällen

Der tote Bahnhof von Minamisoma

des Auslands schwang stets auch ein wenig Chauvinismus mit. (Den ich, nun aber von der anderen Seite, bei einigen ausländischen Helfern in Fukushima erlebte.)

Das Sauber-Image der japanischen AKW bekam nach der Jahrtausendwende jedoch einige Flecken, als die bereits erwähnten TEPCO-Schlampereien an die Öffentlichkeiten kamen. Zu einem Umdenken oder gar zu einer veränderten Haltung der japanischen Öffentlichkeit zur Atomenergie führte das aber nicht. Auch nicht in anderen Staaten bei deren Störfällen.

Weltweit ging von 2000 bis 2008 der Anteil von nuklearer Energie an der weltweiten Stromerzeugung zwar um ein paar Prozentpunkte zurück. Aber selbst das ging der Atomindustrie zu weit, ihre Lobbyisten leisteten fortan ganze Arbeit. Sie malten das Schreckgespenst der

Licht am Ende des Tunnels?

einbrechenden Wirtschaft an die Wand wegen des angeblich drohenden Energiemangels, sie sprachen von finsteren Städte und zusammenbrechenden Infrastrukturen und dergleichen. Den Forderungen nach einer Energiewende setzten sie die Renaissance der Kernkraft entgegen. Der Schrecken von Tschernobyl (»veraltete Russentechnik«) war verdaut, neue, moderne AKW wurden geplant.

Alles schien – in ihrem Sinne – wunschgemäß zu verlaufen. Dann aber kam der 11. März 2011, der für die Atomindustrie so etwas wurde wie der 11. September 2001 für das weltweite Sicherheitsdenken. Der US-Präsident erklärte damals dem Terror den Krieg, nach dem 11. März sagten sehr, sehr viele Menschen in den Industriestaaten den Atomkraftwerken den Kampf an. Unter diesem Druck mussten selbst Regierungen reagieren, die bis dahin die Atomenergie befürwortet und als »Brückentechnologie« protegiert hatten.

Würde es nicht so sarkastisch und höhnisch klingen, müsste man TEPCO im Grunde dankbar sein. Der Energiekonzern hatte nicht zuletzt durch sein Krisenmanagement die Unbeherrschbarkeit dieser gefährlichen Technologie deutlich offenbart.

Nach anderthalb Jahren, im Oktober 2012, trat der Konzern mit dem Eingeständnis an die Öffentlichkeit: Man habe gelogen, das Unglück sei zu vermeiden gewesen, wenn man nicht an der falschen Stelle gespart und die Anlagen ordentlich gewartet hätte.

Kann dieses Eingeständnis befriedigen? Mitnichten. Denn dessen unverhüllte Botschaft lautet: Nicht die Technologie ist das Problem, sondern der Mensch. Er hat in Fukushima versagt. Mithin, die Sache ist reparabel. Wir können darum weiter auf Kernenergie setzen.

»Wo gab es die meisten Toten?«

Zurück in Tokyo. Ich habe mich mit Nikki Tsukamoto Kininmoth verabredet. Die junge Frau mit schulterlangem schwarzen Haar, Tochter eines neuseeländisch-japanischen Paares, arbeitet als Dolmetscherin. Seit dem März war sie wiederholt im Katastrophengebiet um Sendai. Dort hat sie erstmals auch für Medienvertreter der internationalen Presse übersetzt.

Ich will mich mit ihr austauschen, mich gleichsam vergewissern, ob meine Eindrücke zutreffen oder ob ich zu sehr die Brille eines gleichermaßen kritischen wie selbstgerechten Zentraleuropäers trage. Bekannlich neigen wir ja dazu, die Welt aus eurozentristischer Sicht zu sehen. Wir nehmen unseren Maßstab als den einzig zulässigen. Insbesondere bei vielen Polikern herrscht diese Überzeugung vor, alle Welt müsste nach unseren Regeln, zumindest wie sie sie verstehen, leben und produzieren. Dann würde es auch allen so gut gehen wie uns. Welche Einfalt.

Nikki berichtet unaufgeregt, während sie am Tee nippt. Ich lasse das Diktiergerät mitlaufen.

»Als es passierte, saß ich geschockt vor dem Fernseher. Zwei Tage lang konnte ich mich nicht von den Medien wegbewegen, ich verfolgte im Internet und auf Twitter jede neue Information zur Katastrophe.

Dann kamen die ersten Meldungen über das solidarische Verhalten von Menschen. Fremde teilten das Letzte, was sie besaßen, miteinander. Ich konnte nicht mehr untätig herumsitzen und wollte auch helfen. Über Facebook suchte ich nach Möglichkeiten, wie das geschehen konnte. Noch am selben Abend war ich im Gespräch mit einem niederländischen Fernsehteam. Ich packte sofort meine Sachen und fuhr mit den Holländern nach Sendai, in das Herz der Katastrophe.«

Wie war ihr erster Eindruck?

»Unbeschreiblich. Ich kannte zwar die Bilder aus dem Fernsehen, aber in der Natur ist das doch anders. Bilder auf dem Bildschirm sind zweidimensional, dort aber steht man inmitten eines Panoramas. Man sieht nicht nur, du atmest, riechst, hörst, nimmst alles durch deine Poren auf. Das ist unvergleichlich anders. Einerseits spürst du mit all deinen Sinnen das ganze Elend, triffst auf Menschen, die nichts retteten als ihr Leben. Auf der anderen Seite wird dir bewusst: All das materielle Zeug, von dem wir meinen, es unbedingt besitzen zu müssen, sonst würden wir nicht existieren, ist letztlich bedeutungslos. Der ganze Wohlstands-Mist schwimmt jetzt weit draußen im Pazifik.«

»Zusammen mit dem nuklearen Abfall von Fukushima Daiichi«, sage ich.

Das holländische Fernsehteam war zum ersten Mal in Japan, die Briten, die Nikki anschließend begleitete, hatten das Land schon einmal als Touristen besucht. Sie waren von ihren Redaktionen in Marsch gesetzt worden, während andere ausländische Medienanstalten ihr Personal vor Ort abzuziehen begannen. Diplomatische Vertretungen und Firmenniederlassungen reduzierten den Personenkreis, das Personal floh weisungsgemäß in die sichere Heimat, in der keine radioaktive Wolke, kein atomarer *fall-out* oder kontaminierte Lebensmittel drohten.

Hilfseinsatz im Katastrophengebiet

Nikki berichtet, in welchem Zwiespalt die holländischen und die britischen Journalisten sich befunden hatten. Und genau dieses Gefühl ist mir sehr vertraut.

»Sie verhielten sich sehr respektvoll gegenüber den Betroffenen und fragten mich, was korrekt sei. Auf der anderen Seite waren sie natürlich stets auf der Suche nach spektakulären Geschichten, nach dramatischen Begebenheiten, weil man diese angeblich in der Heimat von ihnen erwartete. Normales Leid genügt nicht, es muss dramatisiert und gesteigert werden. Damit brachten sie mich mitunter in unangenehme Situationen.«

Was meine sie damit, möchte ich wissen, obgleich ich ahne, was Nikki denkt.

»Na, du bist bei trauernden Menschen, die Angehörige verloren haben, und die fragen: Wo sind hier die meis-

Hinterlassenschaft, unspektakulär

ten Menschen umgekommen, welche Familie ist am stärksten betroffen?«

Ob sie das immer so übersetzt habe. Nein, sagt Nikki, entweder habe sie den Journalisten gesagt, dass sie ihre Frage »Entschuldigen Sie, wie viele Menschen sind hier gestorben?«, nicht dolmetschen werde, oder dass sie der hiesigen Kultur angemessen modifizierte. Natürlich hätten sich die Ausländer bemüht, die japanischen Umgangsformen zu respektieren, sie seien keineswegs gefühl- und rücksichtslos vorgegangen. Doch diese direkte Art des Fragens ist vielleicht in Europa und im angelsächsischen Journalismus üblich, in Japan fallen nicht einmal Journalisten mit der Tür ins Haus.

»Wir sprachen mit Opfern des Tsunami in Koriyama, einem etwas höher gelegenen Ort, in welchem Flüchtlinge aus Rikuzentakata und Shichigahama untergebracht worden waren. Wir baten zwei 12-jährige Jungen, uns etwas herumzuführen. Die Journalisten bestanden darauf, dass wir vorher das Einverständnis der Eltern einholten, und das ziemlich nachdrücklich. Es brauchte einige Zeit, ehe wir mitbekamen, dass dies schlechterdings nicht möglich war. Beide hatten seit dem Tsunami ihre Eltern nicht mehr gesehen, was die Vermutung nahelegt, dass zwei Vollwaisen vor uns standen.«

Dennoch, so Nikki weiter, habe sie bei diesen beiden Jungen einen starken Lebenswillen verspürt, den sie auch bei vielen anderen Überlebenden beobachtet habe. Selbst bei jenen, die in Pappkartons in einem Supermarkt untergekrochen waren, nachdem sie ihre Bleibe verloren hatten. »Ich verstehe nun die Bedeutung des Worts *shouganei* besser. Das heißt soviel wie *Da kann man nichts machen, es ist halt so*. Die Araber nennen das vermeintlich unabänderliche Schicksal *Kismet*.«

Hier, in Japan, sei *shouganei* inzwischen zu einer Lebenseinstellung geworden, sagt Nikki. Die ausländischen Journalisten habe dieses Durchhaltevermögen sehr beeindruckt. Eines Tages möchte sie unbedingt noch einmal dorthin zurückkehren und nach diesen beiden Jungen schauen.

»Die meisten Journalisten, mit denen ich unterwegs bin, suchen nach persönlichen Schicksalen, egal ob glückliche oder traurige. Sie nehmen beispielsweise ein Schulsportteam und versuchen herauszufinden, ob alle aus dem Team gestorben sind oder ob es Überlebende gab. Egal, was die Recherchen ergeben: Das ist die Idee der Story.« Selbst durch die Wiederholung solcher Übungen stumpfte Nikki nicht ab. Im Gegenteil. »Ich höre die Geschichten der Opfer, sehe die Gesichter derer, die alles verloren haben. Wir gehen weiter und finden Fotos, Tagebücher, Schulhefte und Briefe im Schlamm, und ich wünsche, ich könnte sie den Besitzern wiedergeben. So sie denn noch lebten.«

Nikki sagt, dass trotz aller persönlichen Betroffenheit und Anteilnahme die Dolmetschertätigkeit im Katastrophengebiet sie befriedige. Fast habe ich den Eindruck, als schäme sie sich für diese Feststellung. Schließlich ist das Leid der anderen Ursache ihres guten Gefühls. Es ist die gleiche aberwitzige Dialektik, die Bert Brecht in einem Vers sichtbar machte: »Armer Mann und reicher Mann, / standen da und sah'n sich an. / Da sagte der

Wegweiser nach Minamisoma

Einheimische Helferinnen in Minamisoma

Arme bleich: / wär' ich nicht arm, wärst du nicht reich.«

Indem sie den ausländischen Journalisten helfe, über die komplexe Katastrophe und deren Folgen zu berichten, trage sie nicht nur dazu bei, das Solidargefühl bei anderen Menschen zu wecken. Sondern auch vielleicht die Erkenntnis zu befördern, dass Menschenwerk vergänglich und mitunter gefährlich ist. Eben nicht *shouganei*. Man kann und muss was machen, meint Nikki.

»Je mehr Menschen auf der anderen Seite des Globus von der Situation erfahren, desto mehr werden helfen wollen«, sagt sie. »Ich spüre die Verantwortung, die ich habe, um vor allem zu einer wahrheitsgetreuen Berichterstattung in den Medien beizutragen.«

Ich finde den Idealismus der Dolmetscherin sympathisch und verschweige darum meine Skepsis.

Fukushima? War da mal was?

Das Zeitfenster nach Fukushima stand nicht lange offen. Was in jenen Monaten des Innehaltens und des Überdenkens nicht auf den Weg gebracht wurde, was nicht gegründet oder als Gesetz beschlossen worden war, scheint nach anderthalb Jahren kaum noch möglich.

Nachdem noch im Oktober 2010 die schwarz-gelbe Bundesregierung eine Laufzeitverlängerung der deutschen Kernkraftwerke beschlossen hatte – das letzte AKW sollte frühestens 2036 abgeschaltet werden –, erkannte die Physikerin im Bundeskanzleramt noch am Tag der Katastrophe völlig zutreffend: »Die Geschehnisse in Japan sind ein Einschnitt für die Welt.« Wenn man ein Freund von Frau Merkel wäre, der ich nicht bin, konnte man meinen, sie habe geradezu auf diesen »Einschnitt« gewartet, um endlich eine andere Atompolitik machen zu können. Zwei Tage nach dem Reaktorunfall wurde die Laufzeitverlängerung ausgesetzt, zunächst als vorübergehend deklariert, und die sieben ältesten AKW wurden sofort vom Netz genommen.

Anschließend sollte die umgehend einberufene »Ethikkommission« binnen drei Monaten Vorschläge für einen »Atomausstieg mit Augenmaß« unterbreiten. Ein Expertengremium begann den aktuellen Zustand der deutschen AKW zu überprüfen. Ende Mai erfuhren wir: An allen deutschen Atomreaktoren waren Sicherheitsmängel festgestellt worden. An allen!

Unter diesem Eindruck setzte am 30. Juni 2011 der Bundestag die Laufzeitverlängerung außer Kraft – ein halbes Jahr, nachdem sie erst mit Kanzlermehrheit beschlossen worden war.

Im März 2011 ging in Deutschland eine Viertelmillion Menschen auf die Straße, und den Grünen bescherte der Unmut ein Hoch. Vor Fukushima lag die Partei in den üblichen Umfragen bei 15, im Juni bei 24 Prozent. Dafür hatte sie nichts tun müssen. Dieses unverdiente Stimmungshoch bescherte der in die Jahre gekommenen Umweltpartei in Baden-Württemberg, das seit 1956 ununterbrochen von den Konservativen regiert wurde, den ersten grünen Ministerpräsidenten in der Bundesrepublik.

Im Juni meinten 44 Prozent der Deutschen, dass der nunmehr für 2022 beschlossene Ausstieg aus der Kernenergie richtig sei, für 31 Prozent war der Termin zu spät. Summa summarum hieß das aber: Drei von vier

Protestierende Atomkraftgegner

Deutschen waren für Abschalten. Wann jemals hatte eine deutsche Bundesregierung für eine politische Entscheidung eine solch große Zustimmung erhalten?

Allerdings gaben sich damit die Atomindustrie und ihre Lobbyisten nicht geschlagen.

Der Ex-Ministerpräsident von Baden-Württemberg, nach Brüssel zur EU abgeschoben und dort als Energie-Kommissar tätig, wagte bereits zum Jahresende 2011 einen Vorstoß. Günther Oettinger (CDU) erklärte in einer als »vertraulich« deklarierten »Energy Roadmap 2050« die Atomkraft zum »wichtigen Faktor«, weshalb er den Bau von vierzig neuen AKW in der EU allein bis 2030 plante. »Die Atomenergie stehe heute für den größten Anteil CO_2-freier Energie und sie bleibe ein wichtiger Lieferant klimafreundlichen Stroms zu vergleichsweise

Frauen auf Iwaishima beim stummen Protest

Sie erzwangen durch physische Anwesenheit einen Baustopp – jetzt sollen sie dafür zahlen

niedrigen Kosten«, zitierte die *Süddeutsche Zeitung* aus dem Papier. »Oettinger macht damit klar, dass Brüssel auch nach Fukushima langfristig eine Zukunft für die Kernkraft in der Europäischen Union sieht.

Die Zweifel vieler Europäer an der Kernkraft erwähnt das Papier zwar, hält sie aber offenbar für überwindbar. Große Teile der europäischen Öffentlichkeit hielten die Risiken der Nukleartechnik für nicht akzeptabel und die Probleme um die Endlagerung für ungelöst, schreibt Oettingers Behörde.«

Im März 2012, ein Jahr nach dem GAU, schrieb *Spiegel Online* unter der hübschen Überschrift »Merkel hat die Energie verlassen«, dass inzwischen die Bilder aus Fukushima verblasst seien. »Je weiter die Katastrophe zurückliegt, desto weniger entschlossen wirkt die Bundesregierung. Zwar hat Schwarz-Gelb im Sommer vergangenen Jahres ein umfangreiches Gesetzespaket zur Energiewende verabschiedet. Doch seither ist nicht viel passiert, die anfängliche Tatkraft ist erlahmt.« Das »wichtigste und größte Projekt in Merkels Kanzlerschaft jenseits der Euro-Krise« laufe Gefahr, verschleppt zu werden.

Im April 2012 erinnerten einige Blätter daran, dass vor fast einem Jahr acht deutsche Atommeiler stillgelegt worden waren – aber für keinen einzigen wurde bisher der Rückbau beantragt. Das verriet einiges. Und ganz gewiss war dafür nicht der angegebene Grund – die Ungewissheit über das Endlager – der Anlass des Abwartens und Taktierens. Die von der Bundesregierung proklamierte Wende in der Energiepolitik kam und kommt unter den obwaltenden tatsächlichen Machtverhältnissen nicht so recht voran. Rainer Brüderle, Fraktionschef der Regierungspartei FDP und offenkundig ein Freund der Energiekonzerne, jagte im Juni 2012 den Menschen absichtsvoll die Angst in die Glieder. »Der Ausstieg aus der Atomenergie ist nicht zum Nulltarif zu haben«, behauptete Brüderle. »Das müssen wir den Leuten ehrlich sagen.« Strom aus erneuerbaren Energien sei wesentlich teurer als Atomstrom, mithin: Die geplante Abschaltung der AKW bis 2022 käme uns, den Verbrauchern, teuer zu stehen.

Womit der Umkehrschluss wohl nahe liegt.

Auch beim Blick in die Welt kann man den Eindruck gewinnen, als habe es Fukushima nie gegeben. Die kapitalistische Weltwirtschaft hat zur kurzzeitig erschütterten Tagesordnung zurückgefunden.

In den USA war seit dreißig Jahren kein einziger Neubau eines Kernkraftwerkes genehmigt worden. Wie die *Deutsche Welle* am 11. März 2012 meldete, habe US-Präsident Barack Obama, obgleich doch bekennender AKW-Gegner, zwei neue Reaktoren – geschätzte Kosten rund 14 Milliarden Dollar – für das AKW Vogtle in Georgia genehmigt. Sie sollen in vier bis fünf Jahren ans Netz gehen. Weitere Anträge liegen im Weißen Haus vor.

Auch in Asien wird an den ursprünglichen Kernenergieplänen festgehalten. In Indien produzieren bereits zwanzig AKW, sieben sind noch im Bau. In China bestehen sechzehn, aber 26 weitere werden derzeit errichtet. In Südkorea liefern bereits 21 AKW Strom, fünf weitere kommen hinzu. Von Kasachstan über die Mongolei

Einer hilft dem anderen

Im Camp der AKW-Gegner auf der Insel Iwaishima

bis Bangladesh, Thailand, Vietnam, Philippinen, Indonesien, Jordanien und Saudi-Arabien: überall sind AKW in Planung, obgleich doch in diesen Staaten bisher keine Kernkraftwerke bestehen, mithin die damit verbundenen Probleme nicht existieren. Sehenden Auges will man sich diese an den Hals holen.

Südafrika betreibt die beiden einzigen AKW auf dem Kontinent, doch in acht weiteren afrikanischen Staaten sind welche in Planung.

In Südamerika unterhalten Brasilien und Argentinien je zwei Kernkraftwerke, je eines ist im Bau, Argentinien plant weitere. Chile, Ekuador und Venezuela wollen ebenfalls Meiler errichten.

In Nordamerika betreiben Kanada 18, die USA zehn und Mexiko zwei AKW, nur Mexiko plant weitere. Aber

Protest in Hiroshima

in den USA kann das sich, wie schon angedeutet, möglicherweise bald ändern.

Und in Europa, wo es überall Atomkraftgegner und grüne Bewegungen und Parteien gibt?

Dort betreiben achtzehn Staaten 187 Atomkraftwerke. Italien, Litauen, Polen, Albanien, Türkei und Belorussland sind AKW-frei, die Spitzenreiter sind Frankreich (58) und Russland (33), dort sind gegenwärtig auch zehn weitere im Bau. Und trotz Fukushima planen folgende Staaten die Errichtung weiterer AKW: Bulgarien, Tschechien, Ungarn, Rumänien, Slowenien, Schweden, Großbritannien sowie Litauen, Albanien, Türkei, Belorussland und Polen.

Bei unserem Nachbarn Polen, der bislang massiv auf Kohle als Energiequelle setzte, wird nicht nur auf die rasche Realisierung des Vorhabens gedrungen. Premier Tusk höhnte über den Atomausstieg Deutschlands wider besseres Wissen: »Wenn jemand kein Atomkraftwerk

Ausharren bei Wind und Wetter: ein Regendach für den Ernstfall

bauen will, dann ist es sein Problem. Wir indes glauben fest daran, dass Atomkraft eine gute Alternative ist, wenn es um Energieerzeugung geht.« In spätestens zehn Jahren soll das erste polnische AKW ans Netz gehen.

Und wie ist der aktuelle Stand in Japan?

Dort beschloss vor wenigen Tagen die Regierung die Abschaltung aller Reaktoren bis 2040. Allerdings schlug Ministerpräsident Yoshihiko Noda vor, dass die nach der Katastrophe zwischenzeitlich heruntergefahrenen Reaktoren wieder in Betrieb genommen werden, um die Energieversorgung bis zum Ausstieg zu sichern. Nach Deutschland, Belgien und der Schweiz könnte Japan das vierte Land werden, das den Atomausstieg nach Fukushima umsetzen will. Es wäre die Konse-

LOVE: ein Gruß an die Welt vom Ufer der Insel Iwaishima – sie haben gewonnen

2011: wieder in Hiroshima im Friedenspark – mit dem spotless-Band, für den im Vorjahr das Titelfoto an eben dieser Stelle gemacht worden war

quenz, die sich auch sehr viele Japaner wünschen, schrieb am 14. September 2012 Sven Stockrahm auf *Zeit Online*. Nach dem GAU habe Japan monatelange Bürgerproteste erlebt, wie es sie in den vergangenen fünf Jahrzehnten nie gegeben habe. Die Menschen demonstrierten zuvor einfach nicht – egal worum es ging. Doch es sei zu früh, sich zu freuen. Denn: »Japans Abkehr von der Kernspaltung hat mächtige Gegner«, meint Stockrahm. »Derzeit laufen zwei der 54 Reaktoren des Landes wieder. Unverzichtbar, um den Energiehunger der Weltkonzerne Japans zu stillen, argumentierte die Regierung.«

Und der *Zeit*-Redakteur, wegen seiner »herausragenden Leistung« bei der Berichterstattung zu »Japan nach dem 11. März 2011« mit dem Axel-Springer Preis 2012 ausgezeichnet, endet mit dem wenig ermutigenden Schluss: »Dass Japan die Zeitenwende schafft, ist derzeit nicht mehr als eine vage Hoffnung.«

Machen Zahlen mehr Hoffnung?

Ich denke schon.

1974 prognostizierte die Internationale Atomenergiebehörde (IAEA), dass die weltweite Leistung durch Atomkraftwerke im Jahr 2000 insgesamt 4.500 Gigawatt betragen werde.

Im Jahr 2010 waren es lediglich 375 Gigawatt.

In Zukunft wird die Energieversorgung wohl auch weiterhin nur zu einem geringen Teil von Atomenergie abgedeckt werden und dann endgültig aus der Welt verschwinden, weil man die gefährliche Sackgasse erkannt hat, in die wir damit gerieten.

Aber erst mussten solche Katastrophen geschehen wie die von Tschernobyl, Fukushima und …